毎日「き・ま・か」ごはん

60歳からは「やせる」より「元気」を優先！

柳澤英子

はじめに

52歳のとき、1年で26kgの減量に成功し、2年後、その際の食事を紹介した
『やせるおかず 作りおき』を出版させていただいてから、
約10年が経ちました。
年齢は60歳をとうに超え、おかげさまで大きなリバウンドもなく
風邪ひとつひかずに、元気に過ごしています。
不思議なことに、**白髪もなく、医療費や美容代の節約**にも
つながっています。
最近の課題は、以前に比べて**食が細くなってきた**ことによる
「低栄養」対策です。

60歳を過ぎたあたりから、食べる量が減ってきたように感じました。
ちまたでは、高齢者の低栄養問題が話題となり、
筋肉量や骨密度、免疫機能の低下に警鐘が鳴らされています。
でも、自分自身としてはまだまだかなり元気。
もしかしたら、食べる量は減っても、
いつもよく食べているもので補われているのではないかと考えました。
そこで、導き出されたのが**「きのこ、まめ《豆》、かいそう《海藻》」**の
「き・ま・か」。
これらを以前より好んで食べるようになっていたことです。
そして、**ときどき、肉**で元気をチャージ。
本書では、60歳を超えたあたりから常食にしている
レシピを紹介できる機会をいただきました。
やせすぎず、太りすぎない。健康的な毎日を送るための
参考にしていただけると幸いです。

柳澤英子

しっかり食べてやせた50代。60代からは量より質を意識しています

年齢により嗜好や適量は変化。無理なく続けられる食習慣で元気に過ごす

ビタミン、ミネラル、食物繊維を重視 高タンパク低糖質の食生活に たどり着いた理由

　私の食に対する考え方は相変わらず、ビタミン、ミネラル、食物繊維をしっかり摂って、高タンパク低糖質を基本としています。大きく太って体調も機嫌も悪かった50歳の頃、ふと頭をよぎったのは短命だった両親のこと。忙しくて規則的に食事がとれず、栄養バランスが悪かった母、グルメで享楽的ともいえる食生活をしていた父。私は父に似ていたこともあり、このまま好きなものを好きなだけ食べて死んでいくのだなと思っていました。でも、この体調の悪さは無視できない。できればもっと生きていたい。せめて両親の逝った年齢より長生きしたい。こう思ったとき、たどり着いた答えは明白でした。

　そう、食生活の改善です。栄養バランスをよくし、体にいいものを適量食べる。もちろん、おいしくなくては話になりません。そして、普段の食事を作るのは自分で

定番料理に今まで使わなかった
きのこ類を忍び込ませる

レトルトカレーのときも、
きのこや豆をプラスして
簡単に栄養アップ

すから、できるだけ、簡単にしたい。

　こうして、簡単でおいしくヘルシーな食生活を送ることとなり、今の自分があります。

継続的に食べている食材に元気の源を発見！

　私の場合は、朝食はヨーグルトやフルーツもしくは青汁などといった軽いもの。しっかり食べるのは昼食です。せっかく作ったのだからと、この昼食を毎日写真に撮ってSNSにアップしています。

　それを見返していて気づいたのは、「きのこ、豆、海藻」の登場頻度が高いことでした。

　夜はお酒を飲みます。つまみには魚介類を選ぶことが多いので、お肉はお昼ごはんのときに登場します。これが「ときどき肉」となります。

　参考までに、SNSにアップした過去の食事を紹介。わざわざ特別な料理を考案しなくても、簡単に健康食材を取り入れることができます。

　気張ることはありません。頑張らなくていいんです。もちろん、私の料理はラクしておいしく、がモットー。種明かしは意外と簡単です。

麺自体を豆由来のものに変えて、タンパク質と食物繊維を効率よく摂取

インスタントラーメンにわかめをトッピングするだけでも立派な料理

ときどき食べる肉にも海藻などをたっぷり合わせて

きのこ類

以前から大好きだったきのこ類。おなじみのヘルシー食材です。うま味があり、食感もよく、どんな料理に組み入れてもおいしくいただけます。

栄養と効能

食物繊維の他、ビタミンやミネラルも豊富

きのこは低カロリーで高栄養の食品。よく知られているのは、食物繊維が豊富なこと。食物繊維には不溶性食物繊維と水溶性食物繊維があります。食物繊維には便を軟らかくして便秘を解消してくれたり、腸内の善玉菌を増やす効果もあります。きのこには水溶性食物繊維も入っていますが、不溶性食物繊維がより豊富。腸をきれいにしてくれる効果が期待できます。

きのこに含まれる栄養成分は種類によって違いますが、カルシウムの吸収を助けるビタミンDや皮膚や髪の毛、爪などを健康に保ち、脂肪の代謝を助け、効率よくエネルギー変換してくれるビタミンB群も豊富です。

ちなみに、舞茸には免疫機能の回復やがん細胞の増殖を抑制する働きが期待できるβ-グルカンという多糖類が含まれています。β-グルカンは腸を刺激して腸内環境をよくするといわれています。また、エリンギにはカリウムも多く含まれており、高血圧の解消にも役立ちます。

どれか1種類のきのこではなく、いろいろなきのこを満遍なく食べるのがおすすめ。栄養価だけでなく、それぞれの持つ味や食感を楽しんでいます。

ミックスきのこにして冷凍保存がおすすめ

きのこは冷凍保存に向いています。冷凍してから加熱することにより、細胞膜が壊れ、酵素の働きによってうま味が増すといわれています。何種類かまとめて購入し、小房に分けるなどしてミックスしておくと便利。冷凍用ファスナーつき保存袋に1食分ずつ（約100g）入れて冷凍しておけば、凍ったまま使えるので、とても重宝します。

しいたけは干すと栄養価がアップ

しいたけを干すと、乾燥することで細胞が壊れ、酵素が作用してうま味が増します。干すことによってビタミンDが増し、生しいたけの30倍以上に増えます。グアニル酸も3200mgと、生しいたけの7倍以上です。しっかり干した場合には、水で戻しますが、私は半日干しが好み。戻さずに使え、食感がよくなっておいしくなるんです。

まめ

豆類

豆類も古くから親しまれ、健康づくりに必要な食品です。頻繁に食せるよう、煮豆以外にもレパートリーを増やしました。

栄養と効能

タンパク質はもちろん、機能性成分も含まれています

豆類はタンパク質の他にサポニンやレシチンなどの機能性成分も豊富。毎日の健康づくりに役立つ優れた食品です。コレステロールや中性脂肪を減少させ、血糖値の低下、肥満予防などの効果も期待できます。豆そのものはもちろん、豆腐や厚揚げなどの加工品も扱いやすくて便利です。

本書では、おなじみの大豆以外に、ひよこ豆と枝豆をセレクトしました。ひよこ豆は、インド、西アジア、中南米などで栽培されています。「ガルバンゾー」とも呼ばれています。ひよこ豆に含まれる葉酸は、大豆に含まれている葉酸の2倍以上。葉酸は新しい細胞の合成をサポートする重要な栄養素です。また、水に溶けやすい水溶性ビタミンの一種、ビタミンB_6も豊富。タンパク質を構成するアミノ酸の代謝や神経伝達物質の合成に欠かせない栄養素です。

枝豆は体内で糖質や脂質を分解してエネルギーを作り出すビタミンB_1・B_2が豊富。疲労回復や夏バテ防止に役立つことで知られています。ビタミンCも豊富に含んでいるので免疫力アップにも効果的。冷凍食品のコーナーでも人気の商品で、使い勝手がよいのも魅力です。

まとめて蒸してから小分けし冷凍保存がおすすめ

大豆やひよこ豆以外でも、乾燥させた豆はひと晩水に浸けてから加熱し、柔らかくします。この際、おすすめしたいのが、ゆでるより「蒸す」こと。豆に含まれる栄養成分には、水に溶け出してしまうものがたくさんあるからです。蒸すことで栄養成分を逃さず、しかも、ホクホクとした食感も得られます。

蒸し終わったら冷まし、100g程度に小分けして、冷凍用ファスナーつき保存袋に入れて冷凍します。これをストックしておけば、手軽に使えて便利です。

扱いやすい乾燥豆の量は250g。たっぷりの水に浸け、冷蔵庫にひと晩（6〜8時間）入れて戻します。約2.5倍に膨らみます。

蒸気の上がった蒸し器に入れて弱めの中火で30分から1時間ほど蒸します。好みの固さに仕上げましょう。

100g程度に小分けし、冷凍用ファスナーつき保存袋に入れて冷凍保存。3か月ほどで食べ切ってください。

乾燥大豆100gほどの量であれば、戻したあと、ざるつきの電子レンジ用調理器に入れ、水½カップを加え、電子レンジ加熱（600W 10分）で仕上げても。

＊蒸すのが面倒な人は市販の「蒸し豆」をお使いください

かいそう

海藻類

海藻は海の中に生える藻類のこと。日本人にとってなじみのある食材です。
みそ汁や酢の物だけでなくいろいろな料理に大活躍！

栄養と効能

豊富な水溶性食物繊維。鉄分やカルシウムにも注目

海藻は低カロリー、低糖質なのに、身体に必要なミネラルやビタミン、食物繊維が豊富に含まれています。なかでも、昆布やわかめ、もずくなどにみられるネバネバは「フコイダン」や「アルギン酸」という水溶性食物繊維です。

食物繊維は消化されない栄養素で、糖や脂質を吸着して体の外へ出してくれます。ダイエットだけでなく、生活習慣病の予防や改善にも効果が期待できます。

また、海藻は不足しがちな栄養素を補給できます。海藻には、食物繊維だけでなく、鉄やカルシウム、カリウムなどの栄養素が含まれ、便秘やむくみ、貧血解消の他、日本人に不足しがちなカルシウムも摂ることもできます。骨密度の低下が心配なお年頃にとっては、積極的に摂りたい食材です。

最近のお気に入り

「焼きばらのり」

焼きのり大好き！　でも、昨今は価格が高騰。そこで見つけたのが「焼きばらのり」。のりを板状にせず、バラバラの状態で干したものです。おいしさは変わらず、いろいろな料理に使いやすいのも気に入っています。

切り分けてから小分けにして冷凍保存がおすすめ

よく使っているわかめは「塩蔵わかめ」。塩蔵といってもひと世代前の塩だらけではなく、「湯通し塩蔵わかめ」と表記されています。水に5分ほど浸けるだけで戻ります。およそ20gが60gになります。肉厚でおいしいです。よく売られているサイズのものをキッチンバサミで大きく切り分け、スクリュータイプのふたつきの保存容器に入れ、ひとつは冷蔵庫、残りは冷凍庫で保存します。冷蔵のものを使い切ったら、またひとつ、冷凍庫から冷蔵庫に移します。

キッチンバサミで食べやすい大きさにカット。

スクリュータイプのふたつきの保存容器を選んだのは、ほぼ毎日使うから。開け閉めしやすく、軽くて使いやすい。

＊少量使いのときは、市販の「カットわかめ」が便利です

CONTENTS
目次

2 はじめに

4 無理なく続けられる食習慣で元気に過ごす

6 **きのこ（きのこ類）**
食物繊維の他、ビタミンやミネラルも豊富

8 **まめ（豆類）**
タンパク質はもちろん、機能性成分も

10 **かいそう（海藻類）**
豊富な水溶性食物繊維。鉄分やカルシウムにも

TYPE 1

副菜やおつまみにちょこっと食べたい
小さなおかず

17 **簡単すぎる我が家の定番**
きのこのマリネ

ササッと作ってすぐおいしい！

18 わかめとスプラウトのサラダ
19 蒸し大豆サラダ／わかめペペロン
20 絹揚げのじゃこチーズ焼き／納豆キムチチーズ焼き
21 豆腐と枝豆のサラダ／きのことオクラのバター風味

作りおきにもおすすめ

22 軽めのチリビーンズ
23 ひよこ豆ソテー／蒸し大豆ともずくのマリネ
24 きのこと油揚げのしっとり煮
25 えのきんぴら／エリンギベーコン
26 高野豆腐のコンソメ煮／明太きのこしらたき

TYPE 2

手軽にできちゃうバランス食
一品料理

簡単すぎる我が家の定番 枝豆とわかめ入りおむすび 29
キーマカレーライス 30
チキンライス 31
ソース焼きそば 32
お好み焼き 33
和風カルボナーラ 34
わかめときのこのスパゲティ 35
えび入りトマトソースパスタ 36
カレー風味の炒めスパゲティ 37
明太クリームうどん 38
肉吸いうどん 39
舞茸なめこつけそば 40
肉南蛮辛そば 41
ひよこ豆チャーハン 42
アジア風鶏飯 43
マカロニグラタン 44

TYPE 3

時短で満腹大満足！
メインのおかず

簡単すぎる我が家の定番 肉豆腐 47
豚のしょうが焼き 48
チキンソテー 49
豆腐ハンバーグ 50
揚げない豆入りコロッケ 51
白菜のクリーム煮 52
麻婆豆腐 53
豚卵きくらげ炒め 54
にらたま豆腐 55
簡単棒々鶏 56
えびのチリソース 57
鮭の酒粕ソース 58
かじきの薬味ソース 59
シンプルおでん 60

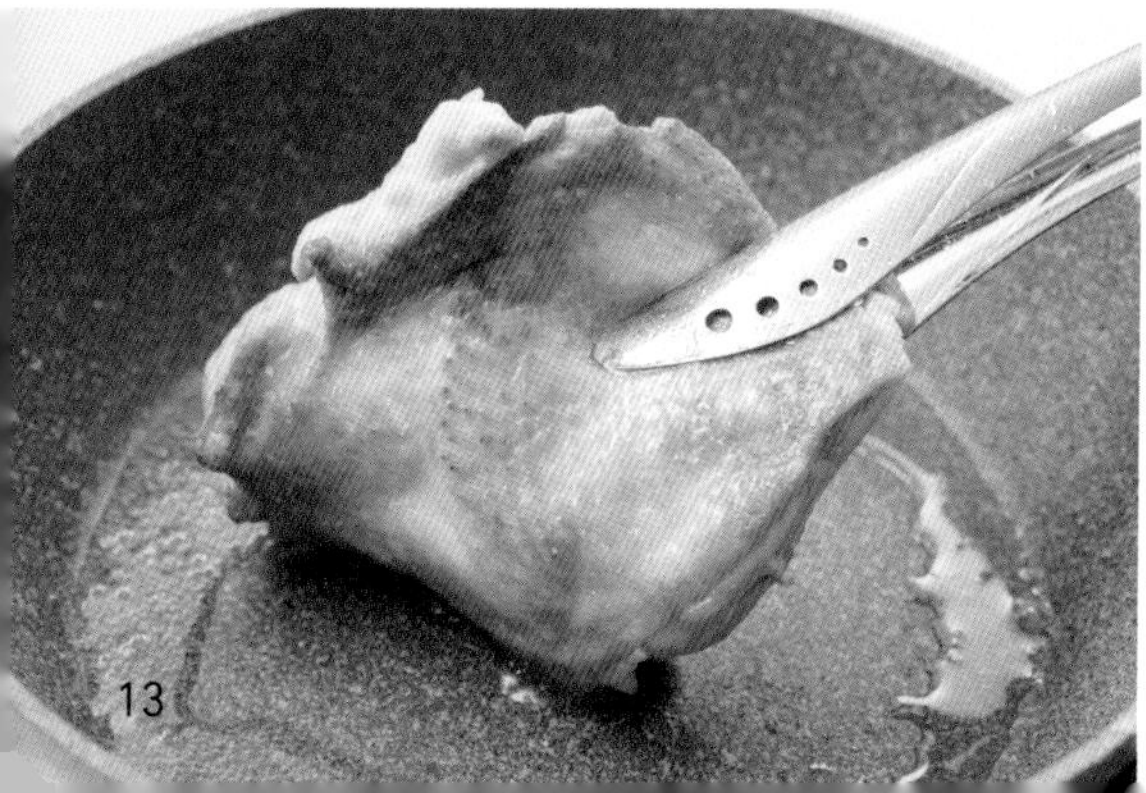

TYPE 4

忙しいときはラクしてヘルシー 鍋やスープ

63 簡単すぎる我が家の定番即席汁もの

64 きのこ鍋

65 ピリ辛鍋

66 豆乳ごま鍋

67 牛すき鍋

68 エリンギトマトスープ

69 わかめ卵スープ

70 サンラータン

71 カレークリームスープ

72 枝豆ポタージュ

おまけのお気に入りレシピ

作りおき　いろいろ使える酸っぱい何か

74 酢キャベツ／酢玉ねぎ／酢トマト／うずら卵のピクルス

75 切り干し大根のマリネ／にんじんマリネ／パプリカのマリネ／大豆もやしのピリ辛マリネ

私のお気に入りいろいろ

76 麺

77 ごはん

78 調味料など

79 調理道具

Column

27 納豆のこと

45 ごはんのこと

61 とろみのこと

本書の使い方

鶏ひき肉を使って軽い味わいに。
今回はキドニービーンズを選びましたが、
蒸し大豆や市販のミックスビーンズなど、
好みのものでOK。
パスタに合わせたり、
ピザ用チーズをのせて焼いてもいいですね。

冷蔵 6日

軽めのチリビーンズ

材料（2人分）×2

キドニービーンズ（ドライパック）…100g
鶏ひき肉…200g
玉ねぎ（みじん切り）…1/4個
100%トマトジュース（無塩）…1カップ
チリパウダー…小さじ1〜2
オリーブオイル…小さじ2
塩、こしょう、ガーリックパウダー…各少々
ドライパセリ…適量

作り方

1 フライパンにオリーブオイルと玉ねぎを入れて中火にかけ、透き通るまで炒める。鶏ひき肉を加え混ぜる。
2 1に塩、こしょう、ガーリックパウダーを加え混ぜ、トマトジュース、キドニービーンズを加え混ぜ、ときどき混ぜながら10分ほど煮る。チリパウダーを加え混ぜ、ドライパセリをふる。

＊すぐに食べない場合は冷ましてから冷蔵庫で保存する（P22〜26のレシピすべて同様です）。

アレンジ！
しいたけにチリビーンズとチーズをのせてオーブントースターで焼いてみて！

22

作りおきの目安

作りおき（冷蔵保存）に適したメニューにはこのマークとともに保存の目安となる日数を表示しています。

き・ま・か食材表示

きのこ、豆、海藻については材料名を着色して表示しています。

特記事項

作り方のポイント、アレンジレシピ、おすすめ食材など、特記事項がある場合は、写真入りで紹介しています。

○1カップは200mL、大さじ1は15mL、小さじ1は5mLです。大さじ、小さじはすり切りで計ってください。
○塩はできればミネラル分を含む粗塩を、顆粒だし（コンソメ、中華だし、和風だし）は無添加のものをおすすめします。
○みそは特に指定がない限り、好みのものを使用してください。
○電子レンジは600Wのものを、オーブントースターは800Wのものを使用しています。ご使用の機種とW数が異なることもあるので、説明書をよくお読みのうえ、正しくお使いください。
○調理時間や調理温度はあくまで目安です。様子を見ながら加減してください。
○冷蔵保存が可能なものには保存日数を記載しています。
○油はオリーブオイル、ごま油、植物油と区別して表記しています。
料理に香りをつけたくないレシピに使用している植物油については、米油、なたね油などを使用してください。

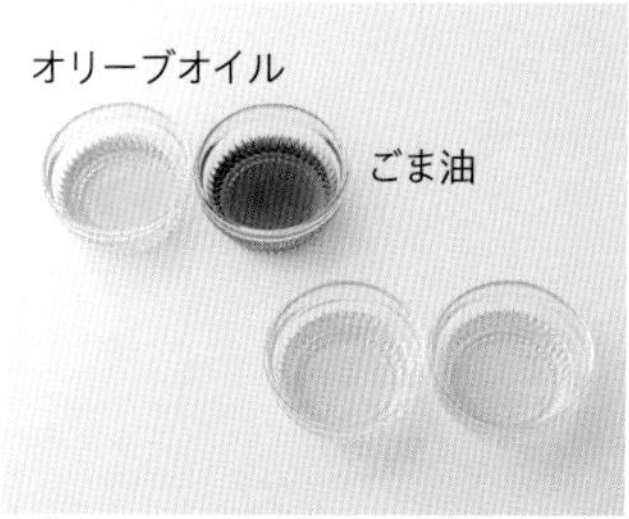

植物油
［左／米油　右／なたね油］

電子レンジ加熱について

○「ふんわりラップ」と表記してあるものは、蒸気を逃すようにふんわりとラップをかけた状態です。電子レンジ用のふたや、ふたをして加熱できるレンジ調理器具をお持ちの方は、そちらを使っていただいて大丈夫です。

ふんわりラップ
蒸気を逃すよう、隙間を空けてふんわりとラップをかけます

電子レンジ加熱用のふた
材料を入れた器の上にのせるだけ。繰り返し使えます

ふたつきの電子レンジ調理器
ふたをしたまま加熱可能。ざるつきのものは蒸し野菜もおいしく簡単に作れて便利

副菜やおつまみにちょこっと食べたい

TYPE 1

小さなおかず

ちょこっとあるとうれしい小さなおかず。
副菜で足りない栄養を上手に取り入れていきたいものです。
もうひと品を作る気力がわくよう、
レシピはできるだけ簡単にしています。

ササッと作ってすぐおいしい！
作りおきにもおすすめ

手軽にきのこや豆、海藻類を摂りたいのなら、
小さなおかずをいくつか覚えておくと安心。
定番料理もありますが、
意外と砂糖を多く使うレシピが多いので、
低糖質なおかずを紹介しようと思います。
思い立ったらササッと作れるおかずから、
作りおきして毎日ちょこちょこ食べられるものまで、
レパートリーを増やしていきたいものです。
これらは健康的な生活を後押ししてくれる大切なひと皿。
継続的に食べていきましょう。

簡単すぎる我が家の定番

そのままでもおいしく、カレーやパスタの具にもなる「きのこのマリネ」はレンチンで

しめじやえのきだけ、しいたけなど合わせて200g。
食べやすい大きさに切って
耐熱用の保存容器に入れ、
ふんわりラップで3分加熱。
おろしにんにく少々、刻んだ赤唐辛子1本分、
レモン汁、白だし各大さじ2、
オリーブオイル大さじ1を加えてそのまま冷ますだけ。
ふたをして冷蔵保存。保存の目安は5日です。

大きなボウルいっぱいのサラダを嬉々として食べていましたが、60歳を過ぎた頃からサラダの「圧」に萎えることが増えました。
そこで、少量でも栄養価の高いスプラウトとわかめを合わせ、効率よくミネラルや食物繊維を摂取することに。
「量より質」に目覚めた頃のサラダファーストのひと品です。

わかめとスプラウトのサラダ

材料（2人分）

塩蔵わかめ*… 20g
ブロッコリースプラウト（根元を落として半分に切る）… 1パック
ミニトマト（縦半分に切る）… 4個
A ポン酢しょうゆ … 大さじ2
A おろししょうが … 小さじ½
A ごま油 … 小さじ1
白いりごま … 適量

作り方

1 塩蔵わかめは水に浸けて戻し、水けを絞って食べやすい大きさに切る。
2 1、ブロッコリースプラウト、ミニトマトを器に盛る。
3 2に混ぜ合わせたAをかけ、白いりごまをふる。

*塩蔵わかめは「湯通し塩蔵わかめ」と表記されているものを使用しています。以前の塩がザラザラとついていたものより戻し時間が少なく、味わいも豊か。

おすすめ!

ブロッコリースプラウトの代わりに豆苗を使っても。豆苗はえんどう豆を発芽させたスプラウト。栄養価が高く、再収穫ができるのでコスパも抜群。生でも食べられます

蒸し大豆サラダ

糖質の高いじゃがいもを避けていた頃、ポテトサラダの代わりによく食べていました。以来、これが定番になりました。

材料（2人分）

蒸し大豆（半量を軽くつぶす）…100g
きゅうり（輪切り）… ½本
玉ねぎ（薄切り）… ¼個
かに風味かまぼこ（手で裂く）…60g
マヨネーズ…大さじ2
塩、こしょう…各少々

作り方

1 きゅうりと玉ねぎに塩小さじ½（分量外）を混ぜて軽くもみ、5分ほどおく。ざるにあげて流水で洗い、水けを絞る。

2 ボウルに**1**、蒸し大豆、かに風味かまぼこを加え、マヨネーズを加え混ぜ、塩、こしょうで味をととのえる。

わかめペペロン

材料（2人分）

塩蔵わかめ…20g
にんにく（薄切り）…1かけ
赤唐辛子（小口切り）…少々
オリーブオイル…大さじ1
塩、こしょう…各少々

作り方

1 塩蔵わかめは水に浸けて戻し、水けを絞って食べやすい大きさに切る。

2 フライパンにオリーブオイルとにんにくを入れて中火にかけ、香りが立ってきたら**1**、赤唐辛子を加えて炒める。

3 わかめの緑色が鮮やかになってきたら、塩、こしょうで味をととのえる。

みそ汁や酢の物だけがわかめの活躍の場ではありません。油との相性も抜群で、おかずやつまみはもちろん、パスタのトッピングにもおすすめ。

オーブントースターで焼くだけ。
手軽にカルシウムを補給できます。
ちりめんじゃこをザーサイやキムチなどの
漬物に変えて作っても。
みそや豆板醤を塗り、チーズをのせて
焼いただけでもおいしい！

絹揚げのじゃこチーズ焼き

材料（2人分）

絹揚げ … 1枚
ちりめんじゃこ … 10g
豆板醤 … 小さじ1
ピザ用チーズ … 60g
青じそ … 適量

作り方

1. 絹揚げは厚さを半分に切る。
2. 切り口に豆板醤を塗り、ちりめんじゃこ、ピザ用チーズをのせ、オーブントースターで8〜10分加熱する。
3. 器に盛り、刻んだ青じそを散らす。

おすすめ！

右が厚揚げ、左が最近ハマっている「絹揚げ」。しっとりした食感で、煮ても焼いてもおいしいです。絹厚揚げ、柔らか厚揚げなどの名称で売られているものもあります。

納豆キムチチーズ焼き

材料（2人分）

油揚げ（開きやすいタイプ）… 2枚
納豆 … 1パック
ピザ用チーズ … 40g
白菜キムチ（粗みじん切り）… 40g
焼きばらのり … ふたつまみ

作り方

1. 油揚げは2等分に切り、袋状に開く。
2. 納豆、ピザ用チーズ、白菜キムチ、焼きばらのりを混ぜ合わせる。
3. **2**を**1**の油揚げに詰めて楊枝で止め、オーブントースターで5分ほど焼く。

相性のよい組み合わせ。
今まで何度作ったことか。
袋状に開く油揚げが手に入らないときは、
油揚げにのっけて
焼いちゃってください。

豆腐と枝豆のサラダ

材料（2人分）

絹豆腐 … ½ パック
枝豆（むきみ）… 40g
みそ … 小さじ2
水 … 大さじ1
オリーブオイル … 大さじ1

作り方

1. 絹豆腐は小さな泡立て器などで崩して混ぜ合わせ、滑らかにする。
2. みそを水で溶き、オリーブオイルを加え混ぜる（分離した状態でOK）。
3. **1**に枝豆を加え混ぜ、器に盛り、**2**をかける。

簡単すぎる洋風白あえ、
もしくは即席フムス
といって食卓に出すことも。
枝豆の代わりに
そら豆で作ってもいいですね。

きのことオクラのバター風味

材料（2人分）

ひらたけまたはしめじ
… 1パック
オクラ … 4本
バター（無塩）… 10g
しょうゆ … 小さじ½
こしょう … 少々

作り方

1. ひらたけまたはしめじは石づきを切り落とし、小房に分ける。オクラはガクの部分をぐるむきにし、ガク側から1cmほど縦に切り込みを入れる。
2. フライパンに**1**、バターを入れて中火にかける。ふたをして5分ほど蒸し焼きにする。
3. しょうゆ、こしょうを加え混ぜ、30秒ほどしたら火を止める。

水溶性食物繊維が豊富な
オクラと合わせて腸内環境を改善。
バターの風味で塩分控えめでも美味。
魚や肉料理のつけ合わせにしても。

軽めのチリビーンズ

冷蔵
6日

鶏ひき肉を使って軽い味わいに。
今回はキドニービーンズを選びましたが、
蒸し大豆や市販のミックスビーンズなど、
好みのものでOK。
パスタに合わせたり、
ピザ用チーズをのせて焼いてもいいですね。

材料（2人分）×2

キドニービーンズ（ドライパック）… **100g**
鶏ひき肉 … 200g
玉ねぎ（みじん切り）… **¼個**
100%トマトジュース（無塩）… **1カップ**
チリパウダー … 小さじ1～2
オリーブオイル … 小さじ2
塩、こしょう、ガーリックパウダー
… 各少々
ドライパセリ … 適量

作り方

1. フライパンにオリーブオイルと玉ねぎを入れて中火にかけ、透き通るまで炒める。鶏ひき肉を加え混ぜる。
2. 1に塩、こしょう、ガーリックパウダーを加え混ぜ、トマトジュース、キドニービーンズを加え混ぜ、ときどき混ぜながら10分ほど煮る。チリパウダーを加え混ぜ、ドライパセリをふる。

*すぐに食べない場合は冷ましてから冷蔵庫で保存する（P22～26のレシピすべて同様です）。

アレンジ！

しいたけにチリビーンズとチーズをのせてオーブントースターで焼いてみて！

作りおきにもおすすめ

ひよこ豆ソテー

じっくり揚げ焼きにして
豆本来のおいしさを引き出します。
蒸し大豆でも同様にできますよ。
チャーハンなどのカサ増しにも。

冷蔵 6日

材料（作りやすい分量）

- **蒸しひよこ豆**…150g
- **片栗粉**…大さじ1
- **オリーブオイル**…大さじ2
- **ミックススパイス***…適量

作り方

1. 蒸しひよこ豆に片栗粉をまぶす。
2. フライパンにオリーブオイルを入れ、1を並べ入れ、中火にかける。全体がカリッとするまで火を通し、ざるにあげる。
3. 好みのミックススパイスを満遍なくふる。

*食塩と各種スパイスを合わせた商品。いろいろとスパイスを買い揃えなくてもいいので、便利。好みのミックススパイスを見つけてみて。

蒸し大豆ともずくのマリネ

材料（2人分）

- **蒸し大豆**…100g
- **もずく**（塩抜きしたもの）…60g
- **赤ピーマン**（縦半分に切り、細切り）…½個
- **白すりごま**…大さじ1
- **ポン酢しょうゆ**…大さじ2
- **ごま油**…小さじ2

作り方

1. 蒸し大豆、もずく、赤ピーマンを加え混ぜる。
2. ポン酢しょうゆ、ごま油を加え混ぜ、5分ほどおき、仕上げに白すりごまをふる。

*小鉢に盛り、何回かに分けて食べても。

ビタミン、ミネラルを含む
ごまが味のアクセント。
豆ともずくに絡まって
食べ飽きないおいしさです。

冷蔵 3日

電子レンジで煮物をするときは、容器の大きさに余裕をもって吹きこぼれ防止。加熱後、そのまま冷ますことで味がよく染みます。

きのこと油揚げのしっとり煮

材料（2人分）

しいたけ（石づきを取り、半分にそぎ切り）… 2個
生きくらげ（手でひと口大に裂く）… 50g
油揚げ（ひと口大に切る）… 2枚
おろししょうが … 小さじ1
白だし … 大さじ2
本みりん … 大さじ1

作り方

1 耐熱容器に材料を全て入れ、ふんわりラップをして電子レンジで5分加熱する。

2 そのまま冷まし、器に盛りつけるか、保存容器に入れて冷蔵保存する。

素材のよさを活かす和風の煮物。
薄味に仕上げることで、
ごはんの食べすぎを防止できます。
しょうがの香りで味わいが豊かに。
油揚げを厚揚げや絹揚げに変えてもおいしいですよ。

冷蔵
4日

作りおきにもおすすめ

えのきのきんぴら

えのきだけのきんぴら。そのまま食べてもいいですが、作りおきしておくと、卵とじや混ぜごはんなどに使えて重宝します。

冷蔵 4日

材料（2人分）

えのきだけ（石づきを取り、小房に分ける）… 大1パック
油揚げ（細切り）… 1枚
つきこんにゃく（アク抜き済タイプ・食べやすい長さにハサミでカットする）… 1袋
赤唐辛子（小口切り）… 1本
A 白だし … 大さじ2
A 本みりん … 大さじ1
ごま油 … 小さじ2

作り方

1 フライパンにA以外の材料を入れ、ふたをして中火にかける。

2 ふたに蒸気がついてきたら全体を混ぜる。Aを加え、ときどき混ぜながら、汁けがなくなるまで炒め煮する。

エリンギベーコン

材料を切って、レンチンすれば出来上がり。しめじやえのきで作っても抜群のおいしさ！

冷蔵 4日

材料（2人分）

エリンギ（半分の長さに切り、薄切り）… 大2本（約150g）
厚切りベーコン（8㎜幅に切る）… 1枚
粉チーズ … 大さじ1
ドライパセリ … 小さじ1

作り方

1 エリンギとベーコンを耐熱容器に入れ、ふんわりラップをして電子レンジで3分加熱する。

2 粉チーズ、ドライパセリを加え混ぜる。

高野豆腐のコンソメ煮

材料（2人分）

高野豆腐（水で戻す）… 2枚
ブラウンマッシュルーム（半分に切る）… 3、4個
A　水 … 1カップ
　　顆粒コンソメ … 小さじ2
　　塩、こしょう … 各少々
片栗粉 … 大さじ1
オリーブオイル … 適量

作り方

1　高野豆腐は手ではさむようにして水けを切る。半分に切り、片栗粉をまぶす。

2　フライパンにオリーブオイルを5mmほどの深さまで入れて中火にかけ、1を入れて揚げ焼きする。きつね色になったら取り出し、油をふく。

3　フライパンにA、マッシュルームを入れて中火にかけ、煮立ってきたら2を戻し入れて3分ほど煮る。

実は高野豆腐の食感が苦手でした。
でも、揚げ焼きしてコンソメで煮てみるとしっとり食感に。
コンソメのコクがよくマッチします。
少量でもお腹いっぱいに。

冷蔵 4日

明太きのこしらたき

材料（2人分）

辛子明太子（皮を取り除く）… 50g
マッシュルーム（石づきを取り、薄切り）… 4個
しらたき（アク抜き済タイプ）… 1袋
オリーブオイル … 大さじ1
塩、こしょう … 各少々

作り方

1　しらたきは食べやすい長さにキッチンバサミでカットする。

2　フライパンにオリーブオイルと1、マッシュルームを入れ、水分を飛ばすように炒める。

3　辛子明太子を加え混ぜ、塩、こしょうで味をととのえる。

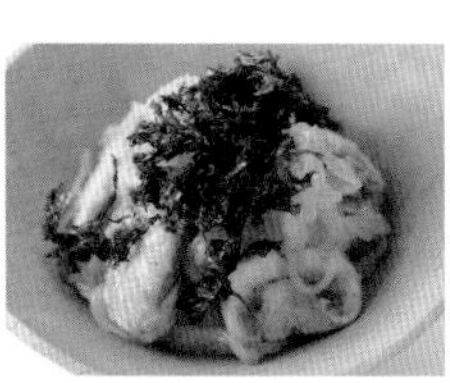

アレンジ！

オリーブオイルをバター10gに変えて作り、焼きばらのりを散らす。

冷蔵 5日

きのこ類やしらたきは糖質やカロリーがかなり低く、食物繊維が豊富です。
明太子と合わせると、食べ応え抜群。
えのきだけを使ってもおいしく、まるでパスタのような味わいです。

Column

納豆のこと

納豆は子どもの頃から毎日のように食べていました。
今は2日に一度くらいになりましたが、大好きな食材のひとつです。
よく食べるので、合わせるものもいろいろ工夫して楽しんでいます。

まずは納豆1パックに
お酢を小さじ1

豆と酢の相性は抜群。
酢を加えることで粘りが増します。

＋梅干し

種を取ってちぎったものを1パックにつき1個加えます

＋白菜キムチ

1パックにつき20gほど。これにチーズを加えても

＋辛子高菜

1パックにつき20gほど。高菜のうま味で箸が進みます

＊梅干しやキムチの他、刻んだたくあんや野沢菜昆布など、漬物との相性も抜群。漬物に塩分があるので、タレや辛子は使いません

＋もずく酢

市販の味つきもずく酢。1パックにつき40gが目安。あらかじめ酢が入っているので、最初の酢はカット。添付のタレを半量ほど加え、味をととのえて

＋オクラ

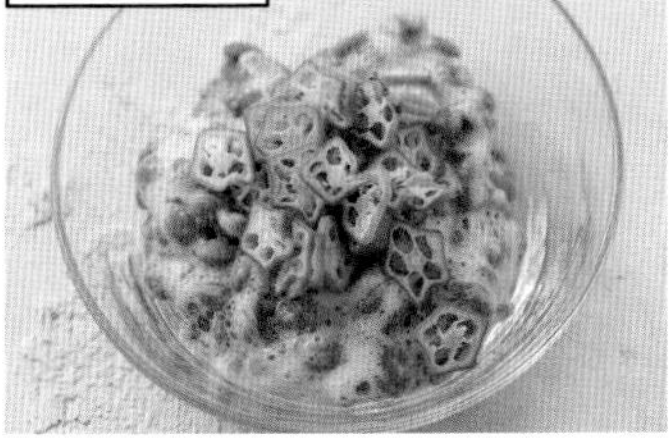

1パックにつき小口切りにしたオクラを1本分入れてよく混ぜます。添付のタレと辛子を加え混ぜます

黒豆納豆

黒大豆で作られている黒豆納豆にはポリフェノールの一種であるアントシアニンが含まれており、抗酸化作用があるといわれています。塩、わさび各少々を加え混ぜ、オリーブオイルをかけて食べるのが気に入っています

手軽にできちゃうバランス食

TYPE 2

一品料理

忙しいときは一品だけの手軽な料理で済ませたい。
でも、栄養が偏りがちで不安でした。
ならば、そこにも「き・ま・か」をプラス。
調理の簡単さ、手軽さはそのままに、
一品で大満足！

ひよこ豆を加えるだけで
カサも栄養もマシマシ！

パスタやカレーライス、チャーハンなど、
ひと品で完結できる料理は、
忙しいときや作る意欲のないときにとてもラク。
ましてやひとりでの食事といった際には
ありがたいものです。
ただ、これが続くと食物繊維の摂取量が不足しがち。
そこでここにも、そう、「き・ま・か」の登場です。
何かしらプラスすることで、
簡単に栄養バランスがとりやすくなります。
まずは、いつも作っている料理にきのこ・豆・海藻をプラス。
もうひと品作り足すより手軽で、
しかもおいしさもプラスになるのです。
煮物やあえ物など、きのこや豆、
海藻の定番料理もありますが、
それにとらわれず、いろいろな料理に
活用してみるといいと思います。

簡単すぎる我が家の定番

混ぜるだけで小さなご馳走。具だくさんの「枝豆とわかめ入りおむすび」

温かいごはんにわかめ、枝豆、鮭フレーク、
白いりごまを適量入れて混ぜ、
具だくさんの混ぜごはんに。
おむすびにするのがお気に入り。
これに簡単なお吸い物（インスタントでも）
があればご機嫌です。

キーマカレーライス

以前は本格的なキーマカレーを作っていましたが、
意外と手間がかかるもの。
カレーは食べたいときが作りどき。
そこで、ひき肉の半分を大豆ミートにして
味つけをシンプルに。
ヘルシーで時短!

材料（2人分）

豚ひき肉 … 100g

A
- 大豆ミート … 30g
- 顆粒コンソメ … 小さじ1
- 水 … 1カップ

玉ねぎ（粗みじん切り）… ¼個
カレールウ … 2皿分
中濃ソース … 小さじ2
塩、こしょう … 各少々
植物油 … 小さじ2
卵（30秒温玉）… 2個
好みのごはん*1 … 茶碗2杯分
ドライパセリ … 適量

作り方

1 フライパンに植物油と玉ねぎを入れて中火にかけ、サッと炒める。

2 Aを入れ、ふたをして2〜3分煮る。

3 カレールウ、中濃ソース、豚ひき肉を加え混ぜる。5分ほど煮る。

4 器にごはんを盛り、3をかけ、30秒温玉*2をのせ、ドライパセリをふる。

＊1 写真のごはんはロウカット玄米+もち麦です（P45参照）。
＊2 小さな耐熱容器に水大さじ1を入れ、卵1個を割り入れ、電子レンジで30秒加熱したものです。

おすすめ!

大豆ミートは大豆や大豆加工品を肉のような食感や風味に加工した食品です

チキンライス。卵焼きで包めばオムライス。
しかし、問題はごはんの量の多さ。
このレシピはオートミールと豆腐を使うことで、
おいしさそのままに、
心配な糖質量を大幅に減らせます。

チキンライス

材料（2人分）

オートミール（ロールドタイプ）
…60g
木綿豆腐…½丁
鶏ひき肉…150g
玉ねぎ（粗みじん切り）…½個
マッシュルーム（薄切り）…4個
植物油…小さじ2
トマトケチャップ…大さじ2
バター…10g
塩、こしょう…各少々
ドライパセリ（あれば）…適量

作り方

1 フライパンに植物油、玉ねぎ、マッシュルームを入れ中火にかける。玉ねぎが透き通ってきたら鶏ひき肉、オートミール、木綿豆腐を入れて全体を混ぜ、水分がなくなるまで炒め合わせる。

2 トマトケチャップ、バターを加えてさらに炒め、塩、こしょうで味をととのえる。

3 器に盛り、あればドライパセリをふる。

おすすめ！

オートミールはオーツ麦という穀物を食べやすく加工した食品。食物繊維の他、カルシウムや鉄分も豊富に含まれています。左がインスタントタイプ、右がロールドタイプ

ソース焼きそば

材料（2人分）

- しめじ（石づきを取り、小房に分ける）… 1パック
- 豚切り落とし肉 … 200g
- キャベツ（ざく切り）… 1枚
- ピーマン（細切り）… 1個
- 焼きそば用蒸し麺 … 2玉
- 植物油 … 小さじ2
- 塩、こしょう … 各少々
- 中濃ソース … 大さじ4
- 青のり、紅しょうが（好みで）… 適量

作り方

1. フライパンに植物油、豚切り落とし肉を入れて中火にかけ、肉の色が変わったら、キャベツ、ピーマン、しめじ、蒸し麺を加え、塩、こしょうをふり、ふたをして蒸し焼きにする。
2. ふたに蒸気がついてきたら全体を混ぜ、炒め合わせる。中濃ソースを加え混ぜ、2〜3分炒め合わせる。
3. 器に盛り、好みで青のりをふり、紅しょうがを添える。

おすすめ！

最近では、低糖質のソースもスーパーで見かけるようになりました。糖質が気になる人は、ソース売り場をチェックしてみて

大好きなソース焼きそば。具にきのこをプラスして
食物繊維の量を増やすにしても、気になるのは麺。
今は豆由来の麺が多く発売され、
味もよくなっています。
麺をこれらに変えれば問題解決！

ひじき入りのお好み焼き。
粉は大豆粉やおからパウダーに変えてもいいのですが、
いちばんハマったのはオートミール。
おいしくて腹持ちがいいのも気に入っています。
乾燥ひじきやオートミールを戻さずに作れるレシピです。

お好み焼き

材料（1枚分）

絹豆腐 … ¼丁
芽ひじき（乾燥）
　… ふたつまみ（2g程度）
キャベツ（粗みじん切り）… 1枚
オートミール（インスタントタイプ）
　… 30g
卵 … 2個
顆粒和風だし … 小さじ1
片栗粉 … 大さじ3
豚バラ薄切り肉
　（4等分の長さに切る）… 2枚
植物油 … 小さじ2
塩、こしょう … 各少々
中濃ソース、マヨネーズ、
　紅しょうが、青のり（好みで）
　… 各適量

作り方

1 ボウルにオートミール、卵、絹豆腐、芽ひじきを入れて全体を混ぜ、キャベツ、顆粒和風だし、片栗粉を加え混ぜる。

2 フライパンに植物油を入れて中火にかけ、1を流し入れる。平らにならして豚バラ薄切り肉を並べ入れ、塩、こしょうをふる。

3 ふたをして弱めの中火で2分ほど焼き、裏返してさらに3分ほど焼く。

4 器に盛り、中濃ソース、マヨネーズをかけ、青のりをふって紅しょうがを添える。

おすすめ!

青のりを使うのは焼きそばやお好み焼きのときくらいという方は、冷凍保存がおすすめ。パッケージのまま冷凍しても、そのままパラパラの状態で使えます

和風とはいっても、
豆乳と粉チーズ、バターでコク深い味に。
納豆とオクラの粘りがとろみとなって
麺によく絡みます。
食物繊維を効率よく摂れるひと品です。

和風カルボナーラ

材料（2人分）

ひきわり納豆…2パック
豆乳（成分無調整）…¼カップ
卵…3個
オクラ（小口切り）…6本
白だし…大さじ3
粉チーズ…大さじ1
低糖質スパゲティ…160g
バター…10g
焼きばらのりまたは刻みのり…適量

作り方

1 ボウルに卵を割りほぐし、ひきわり納豆、オクラ、豆乳、白だし、粉チーズを加え混ぜ、バターを入れておく。

2 スパゲティは袋の表記通りにゆでる。

3 ざるにあげて水けを絞り、熱いうちに1に加え混ぜる。器に盛り、のりを散らす。

＊写真のスパゲティは「オーマイ　糖質50%オフパスタ」（ニップン）です。

おすすめ!

パスタは電子レンジ用の調理容器を使うとラク!（P79参照）

焼きばらのりは、シート状の焼きのりのように成形せずに作ったもので、成分は焼きのりと同じですが、価格がやや低く設定されています。

わかめときのこのスパゲティ

材料（2人分）

塩蔵わかめ…20g
しめじ（石づきを取り、小房に分ける）
…1パック
エリンギ（縦半分に切り、薄切り）
…1本
厚切りベーコン（8㎜幅に切る）
…1枚
にんにく（薄切り）…1かけ
赤唐辛子（小口切り）…1本
低糖質スパゲティ…160g
オリーブオイル…大さじ1
水…1カップ
顆粒コンソメ…小さじ2
塩、こしょう…各少々

作り方

1 塩蔵わかめは水に浸けて戻し、水けを絞り、食べやすい大きさに切る。

2 フライパンにオリーブオイル、にんにくを入れて中火にかける。香りが立ってきたらしめじ、エリンギ、ベーコンを加え炒める。

3 水を入れ、スパゲティを半分の長さに折って加え、赤唐辛子、顆粒コンソメを加えてふたをして8分ほど蒸し煮する。麺が柔らかくなったら、1を加え、塩、こしょうで味をととのえる。

＊写真のスパゲティは「オーマイ　糖質50％オフパスタ」（ニップン）です。

おすすめ！

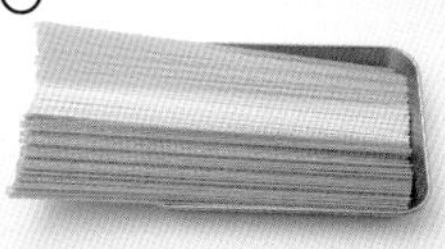

低糖質のパスタもいろいろな種類のものが登場しています。豆由来のものや食物繊維やタンパク質を強化したものなど、好みに合わせてお選びください（P76参照）

きのこのうま味を吸ったパスタがたまらなくおいしい！
フライパンひとつでできるのも手軽でうれしいひと品です。
きのこはお好みのものでOK。
何種か合わせて使うと、味に深みが出ます。

えび入りトマトソースパスタ

トマトジュースで作ったソースに
ミニトマトを追加して
トマト感をアップしたソースが美味。
マッシュルームの香りが食欲をそそります。
えびの代わりに冷凍のシーフードミックスを
使っても簡単に作れます。

材料（2人分）

マッシュルーム（薄切り）… 4個
玉ねぎ（薄切り）… ¼個
ミニトマト（ヘタを取る）… 6個
むきえび … 160g
トマトジュース（100%・無塩）… 2カップ
低糖質スパゲティ … 160g
顆粒コンソメ … 小さじ2
オリーブオイル … 大さじ1
塩、こしょう、ガーリックパウダー
… 各少々
ドライパセリ … 適量

作り方

1 フライパンにオリーブオイル、マッシュルーム、玉ねぎを入れ、中火にかけて炒める。玉ねぎがしんなりしたらトマトジュースを加える。煮立ってきたら、ミニトマト、えび、顆粒コンソメを加える。

2 スパゲティは袋の表記通りにゆでる。

3 1に2を加え混ぜ、塩、こしょう、ガーリックパウダーで味をととのえる。器に盛り、ドライパセリをふる。

*写真のスパゲティは「ZENBヌードル」（ZENB JAPAN）です。

少量のトマトソースを作るとき、トマト缶を開けるのをためらったことはありませんか？ そんなときは100%トマトジュースが便利。味も決まります。

エリンギを細く裂いて入れると
麺と同化したような味わいになり、
ボリュームアップにもつながります。
カレーの香りをつけましたが、
オリーブオイルをバターに変え、
しょうゆ大さじ1で味つけをしてもおいしいです。

カレー風味の炒めスパゲティ

材料（2人分）

エリンギ（縦に細く裂く）… 2本
ピーマン（薄切り）… 1個
ベビーボイルほたて … 200g
低糖質スパゲティ … 160g
カレー粉 … 小さじ2
顆粒コンソメ … 小さじ2
オリーブオイル … 大さじ1
塩、こしょう、ガーリックパウダー
… 各少々

＊写真のスパゲティは「ZENBヌードル」（ZENB JAPAN）です。

作り方

1 フライパンにオリーブオイル、エリンギ、ピーマンを入れ、中火にかけて炒める。エリンギがしんなりしたら、ベビーボイルほたて、カレー粉、顆粒コンソメを加えて炒め合わせる。

2 スパゲティは袋の表記通りにゆでる。

3 **1**に**2**を加え混ぜ、塩、こしょう、ガーリックパウダーで味をととのえる。

おすすめ!

ベビーボイルほたてはゆでてある状態で売られているので、とても扱いやすい食材です。いわゆる「ほたて」よりも低価格なのもうれしい!

手軽に使えるゆでうどんにも
低糖質タイプのものが登場しています。
普通のゆでうどんと比べて
味わいに遜色ありません。
明太子とクリームチーズのコクとうま味で
食べ飽きないおいしさです。

明太クリームうどん

材料（2人分）

しめじ（石づきを取り、小房に分ける）
…1パック
ゆでうどん…2玉
クリームチーズ…60g
辛子明太子（皮を取り除く）…2本
塩、こしょう…各少々
あさつき（小口切り）…適量

作り方

1 耐熱ボウルにゆでうどん、クリームチーズ、しめじ、水大さじ2（分量外）を入れ、ふんわりラップで電子レンジで4分加熱する。

2 全体をよく混ぜ、辛子明太子を加えて塩、こしょうで味をととのえる。

3 器に盛り、あさつきを散らす。

明太子の皮を取り除くのが面倒なとき、高価格で手が出せないときは、明太マヨネーズ（市販品）を使っても。サラダなど、他の料理にも使えるので便利です。

牛肉入りのお吸い物を
イメージして作ったひと品。
我が家の食卓に何度も登場し、
お腹と心を温めてくれています。
うどんの量を半分にして、
しゃぶしゃぶのシメとしても大活躍！

肉吸いうどん

材料（2人分）

- **塩蔵わかめ** … 20g
- **ひらたけ**（石づきを取り、小房に分ける） … 3パック
- 牛切り落とし肉 … 160g
- 長ねぎ（斜め薄切り） … 1/3本
- ゆでうどん … 2玉
- A
  - 水 … 3カップ
  - 白だし … 大さじ4
- 七味唐辛子（好みで） … 各適量

*白だしを使用していますが、めんつゆに変えてもOK。その場合は、商品の指定通りの濃さに調節してください。

作り方

1. 塩蔵わかめは水に浸けて戻し、水けを絞って、食べやすい大きさに切る。
2. 鍋にA、ゆでうどん、ひらたけを入れて中火にかける。煮立ってきたら牛切り落とし肉、長ねぎを加える。
3. 肉の色が変わったら弱火にしてアクを取り、1を加えて火を止める。器に盛り、好みで七味唐辛子をふる。

おすすめ！

うどんやそばにも低糖質の商品が増えました。ゆでて袋に入ったものはすぐに使えて便利。乾麺はストック食材として活躍しています

ざるそばはおいしいけれど、
これだけでは栄養が偏りがち。
天ぷらをつけたいところですが、
作るのはやはり面倒です。
ならば、具だくさんのつけ汁にすれば問題は解決。
温かいままでも冷やしてもよく合います。

舞茸なめこつけそば

材料（2人分）

舞茸（小房に分ける）… **1パック**
なめこ … **1パック**
長ねぎ（1cm幅の斜め切り）
… **1/3本**
A | **水** … **2カップ**
　 | **白だし** … **大さじ4**
ゆでそば … **2玉**
長ねぎ（小口切り）、**練りわさび**
… **各適量**

＊乾麺のそばを使う場合は、袋の表記通りにゆで、ざるにあげ、冷水でしめ、水けを絞ってください。

作り方

1 鍋に**A**を入れて中火にかけ、煮立ってきたら舞茸、長ねぎを加えて2分ほど煮る。なめこを加えて1分ほど煮る。

2 そばはサッと湯通ししてざるにあげ、冷水でしめ、水けを絞って器に盛る。

3 長ねぎ、練りわさびを添え、**1**につけて食べる。

おすすめ！

白だしが好きでよく使っていますが、めんつゆに変えてもOK。その場合は、商品の指定通りの濃さに調節してください

そばの中では鴨南蛮がいち推しなのですが、
鴨肉は高いし、鶏肉に変えるとなんだか頼りない…。
そこで、豚バラ肉を使ってみたら、
何ということでしょう。
コクが増して上出来の味に。
仕上げにラー油をかけて、大満足！

肉南蛮辛そば

材料（2人分）

えのきだけ（石づきを取り、小房に分ける）
…1パック
豚バラ薄切り肉（2～3㎝幅に切る）
…200g
長ねぎ（斜め薄切り）… 1/3 本
ゆでそば … 2玉
A ｜ 水 … 3カップ
　 ｜ 白だし … 大さじ4
白すりごま、ラー油 … 各適量

作り方

1 鍋にAを入れて中火にかけ、煮立ってきたら豚バラ薄切り肉、えのきだけ、長ねぎを加える。アクを取る。

2 1にそばを加え、麺がほぐれたら器に盛る。

3 白すりごまをふり、ラー油をかける。

＊乾麺のそばを使う場合は、袋の表記通りにゆで、ざるにあげ、冷水でしめ、水けを絞ってください。
＊白だしを使用していますが、めんつゆに変えてもOK。その場合は、商品の指定通りの濃さに調節してください。

一世を風靡した食べるラー油は今でも健在。上記のレシピでも食べるラー油をお持ちの方はぜひ使ってみて。その際、すりごまは不要です。

ときおり無性に食べたくなるのがチャーハン。
でも、ごはん茶碗1杯分だと
物足りなく感じてしまう。
そこで、カサ増しにひよこ豆を使ってみたら
味も食感も申し分なし。
蒸し大豆を使ってもいいですね。

ひよこ豆チャーハン

材料（2人分）

蒸しひよこ豆…100g
えのきだけ（石づきを取り、1cm幅に切る）…1パック
温かいごはん…茶碗2杯分
長ねぎ（粗みじん切り）…$\frac{1}{4}$本
卵…2個
ごま油…大さじ1
顆粒中華だし…小さじ2
塩、こしょう…各少々

作り方

1 フライパンにごま油を入れ、溶きほぐした卵を加えて中火にかける。半熟状になったら、ごはん、えのきだけ、蒸しひよこ豆を加え混ぜ、全体を炒め合わせる。

2 顆粒中華だし、長ねぎを加えてさらに炒め、塩、こしょうで味をととのえ、器に盛る。

ひとり分のチャーハンなら、レンチンでも。卵以外のひとり分の材料を耐熱ボウルに入れて3分加熱し、最後に溶き卵を加えてさらに1分加熱すればOK。

炊き込みごはんは材料を入れてスイッチON。
ほったらかしでいいから、とってもラクです。
これに、汁物と漬物を合わせれば、
立派な献立になります。
数ある炊き込みごはんレシピのなかから
選びに選んだひと品です。

アジア風鶏飯

材料（作りやすい分量）

- 蒸し大豆 … 100g
- 鶏もも肉 … 1枚
- 切り干し大根（サッと洗って粗く刻む） … 20g
- 無洗米 … 2合
- 塩、こしょう … 各少々
- A
  - 顆粒中華だし … 小さじ2
  - おろししょうが、おろしにんにく … 各小さじ½
  - 塩 … 小さじ⅓
- B
  - 酢、しょうゆ … 各大さじ1
  - ごま油 … 小さじ1
- パクチー（好みで） … 適量

作り方

1. 炊飯器の内釜に無洗米を入れ、2合のメモリまで水を入れる。切り干し大根、蒸し大豆、**A**を加え混ぜ、鶏もも肉の皮を下にしてのせ、塩、こしょうをふる。
2. 通常の炊飯モードで炊く。炊き上がったら鶏もも肉を取り出して切り分け、残りは混ぜ合わせる。
3. 器に盛り、鶏もも肉をのせ、パクチーを添える。混ぜ合わせた**B**を少しずつかけながら食べる。

＊残ったごはんはおにぎりにして冷凍しておくと便利。焼きおにぎりにしてもおいしいです。

おすすめ!

切り干し大根は洗って刻んでお米と一緒に炊くと、戻さなくてもおいしい大根飯が作れます

マカロニグラタン

グラタンはマカロニの糖質はもちろん、
ホワイトソースに含まれる小麦粉の量が気になって
ずっと避けていた料理。
でも、低糖質のマカロニと少量の片栗粉で
とろみをつけたホワイトソースなら、
しっかり食べても大丈夫！
豆乳の代わりに牛乳を使ってもいいですね。

材料（2人分）

- しめじ（石づきを取り、小房に分ける）…1パック
- 豆乳（成分無調整）… 300mL
- マカロニ（低糖質タイプ）… 100g
- 長ねぎ（斜め薄切り）… ⅓本
- 水 … ½カップ
- 片栗粉 … 小さじ2
- 顆粒コンソメ … 小さじ1
- ピザ用チーズ … 40g
- 塩、こしょう … 各少々
- バター … 10g

作り方

1. フライパンにマカロニ、しめじ、長ねぎ、水を入れて混ぜ、ふたをして中火に5分ほどかける。
2. ボウルに片栗粉、顆粒コンソメ、豆乳の順に入れて混ぜ、1に加える。塩、こしょうで味をととのえる。
3. 混ぜながら火を通し、とろみがついたら耐熱皿に入れる。ピザ用チーズをのせ、バターをちぎって所々におく。オーブントースターで焦げ目がつくまで6〜8分焼く。

マカロニもスパゲティと同様、低糖質タイプのものが増加。こちらも豆由来のものや食物繊維を強化したものが主流です。

Column

ごはんのこと

ごはんなどの穀物は、毎日食べるものだからこれにもひと工夫。
食物繊維やミネラル分をプラスしてしっかり食べるようにしています。
玄米やもち麦などを独自にブレンドして、好みの味に仕上げています。

〈柳澤流ごはんブレンドの実例〉

ロウカット玄米（東洋ライス）はとがずに白米と同じように炊けるので、とても便利。これをベースにしています。もち麦は腸内環境をととのえる水溶性食物繊維が含まれています。Beanus ダイズライス（フジッコ）は大豆を米状に加工したもので、高タンパク、低糖質。また、白米のおいしさは格別なのでつい食べすぎてしまいがち。そこで、こんにゃく米をプラス。こんにゃく米はこんにゃく粉、タピオカ粉などを合わせて米状に加工したものです。

*もち麦はものによって硬かったりパサつきがちになるものも。ごはん茶碗1杯分につき、水大さじ1を加え混ぜ、ふんわりラップで電子レンジで2分加熱して炊き直しを。また、一度炊いてみて気になるようなら、次回から水を多めに設定してください。

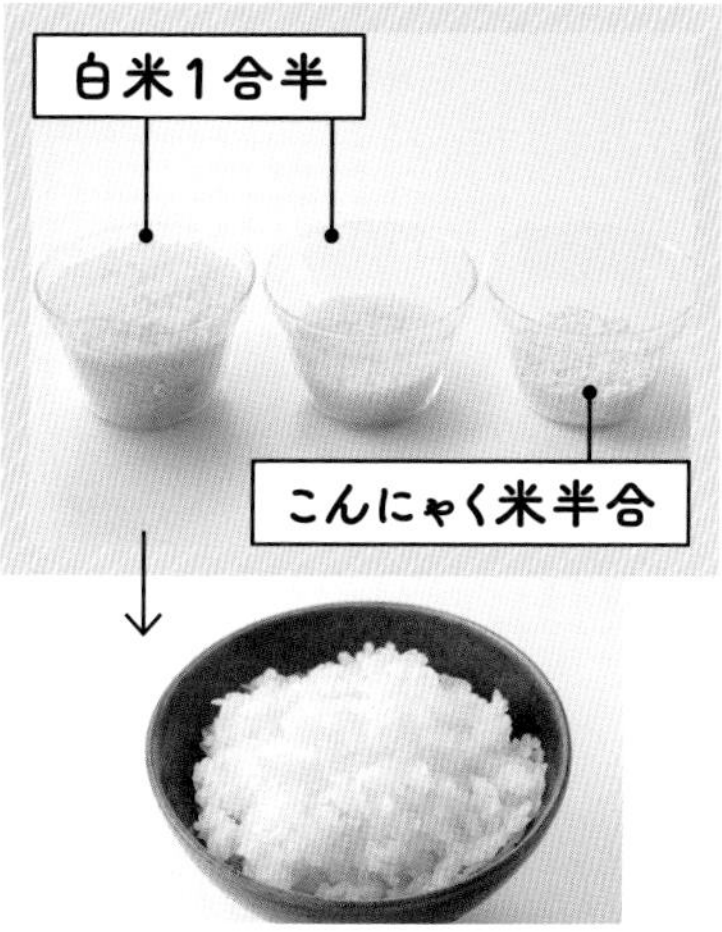

オートミール

オートミールをごはん代わりにするときもあります。食べすぎた翌朝はもちろん、電子レンジでひとり分2分ほどで完成するので、冷凍ごはんのストックがないときにも重宝しています。

ロールドオーツタイプに水を加えてレンチンするだけで、ごはん風

インスタントタイプと水を合わせて。おかゆや雑炊もすぐできます

時短で満腹大満足!

TYPE 3

メインのおかず

食事のメインとなるおかずも、普段なら手間なく簡単に作れるものがありがたい。肉や魚介の他にも野菜を組み合わせてバランスをとるのが私流です。副菜には「き・ま・か」をプラス。同時に作れるものなら、これ一品でおかず作りは終了です。

たまにはステーキ!

ステーキをおいしく焼くコツは、肉を常温に戻すこと。両面にうっすら焦げ目がついた状態で、ミディアムレアの焼き加減になります。厚めの肉の場合はこの状態でアルミホイルに包んで5分ほど休ませます。味つけは至ってシンプル。塩&わさび、塩&バルサミコ酢でいただくのが気に入っています

メインのおかずは、魚介と肉がメインのものを選び、
卵料理をはさみつつ、
昨日食べたものと違うものを作るように心がけています。
最近では、夜に魚介類を食べることが多くなってきたので、
昼食は肉を選ぶことが多いかもしれません。
以前の食事記録を見てみると、
2週間に1回はステーキが登場していました。
60歳をすぎた頃からステーキは月1回くらいに減少。
でも食べればおいしいし、ちょっと元気がでます。
脂身の少ない部位を選んで、
量を少なめにしてちょうどいい感じです。

簡単すぎる我が家の定番

レンチンだけで完成！「肉豆腐」はしみじみおいしい！

耐熱容器にしょうゆ、本みりん各大さじ2、
水½カップ、顆粒和風だし小さじ2を入れて混ぜ、
長ねぎの斜め切り¼本、
豚薄切り肉100g（広げてのせる）、
4等分に切った木綿豆腐½丁、
小房に分けたしめじ½パックの順にのせて
ふんわりラップで5分加熱。
3分休ませて出来上がりです。

豚のしょうが焼き

おなじみのしょうが焼きですが、
タレにきのこをプラスして食物繊維を補強。
ちょっと薄味に仕上げて、
ごはんが進みすぎないよう、気をつけています。
しょうがはチューブのものでOKです。

材料（2人分）

しめじ（石づきを取り、小房に分ける）
　…**1パック**
豚ロース薄切り肉…200g
玉ねぎ（薄切り）…**½個**
A
　しょうゆ、みりん、酒
　　…各大さじ2
　おろししょうが
　　…小さじ2
植物油…小さじ2
キャベツ（せん切り）…**適量**
トマト（くし形切り）…**1個**
マヨネーズ（好みで）…**適量**

作り方

1 豚ロース薄切り肉は**A**に入れてもみ混ぜ、5分ほど漬ける。

2 フライパンに**1**の豚肉の汁けをきって（漬け汁は残しておく）並べ入れる。植物油を回しかけ、中火にかける。肉の色が変わったら裏返して焼き、器に盛る。

3 空いたフライパン（汚れは拭かない）にしめじ、玉ねぎ、残りの漬け汁を入れて中火にかける。混ぜながら炒め合わせ、玉ねぎがしんなりしたら**2**にかける。

4 キャベツのせん切りやトマトを添え、好みでマヨネーズを絞る。

おすすめ!

せん切りが面倒になってきました。そんなときに出会ったのがキレ味のよいスライサー。ストレスなく、せん切りだけでなくきゅうりの小口切りもラクラク！ （P79参照）

チキンソテーは皮をパリッと焼き上げると
上等な味わいに。
フライパンの空いたところに野菜を入れて、
つけ合わせも同時に作ります。
バターじょうゆのソースがコクをプラスし
満足感がアップします。

チキンソテー

材料（2人分）

エリンギ（乱切り）… 2本
鶏もも肉 … 200～250g
ズッキーニ（乱切り）… ½本
オリーブオイル … 小さじ2
バター … 10g
しょうゆ … 小さじ2
塩、こしょう、ガーリックパウダー
　… 各少々

作り方

1. 鶏もも肉に塩、こしょう、ガーリックパウダーをふり、皮目を下にしてフライパンに入れる。空いているところにオリーブオイルを加えて中火にかける。
2. 焦げ目がついたら裏返し、エリンギ、ズッキーニを加えてふたをし、弱めの中火で5分ほど蒸し焼きにする。
3. 焼き上がった鶏もも肉は2枚に切り分け、器に盛り、エリンギ、ズッキーニを添える。
4. 空いたフライパンにバター、しょうゆを加え混ぜ、1分ほど煮詰めてソースを作り、**3**にかける。

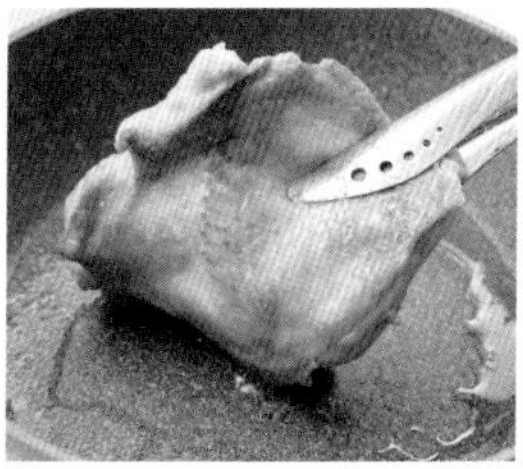

皮目を下にしてフライパンに入れたら焦げ目がつくまで動かさない。裏を返したら、ふたをして蒸し焼きに。

具に豆腐を入れると、フワフワで軽いテイストに。ビッグサイズでもスルッと入ります。トマトソースにしましたが、大根おろし&ポン酢しょうゆにしてもおいしいですよ。

豆腐ハンバーグ

材料（2人分）

- 木綿豆腐 … 50g
- 芽ひじき（乾燥）… ふたつまみ（2g程度）
- マッシュルーム（半分に切る）… 3～4個
- 牛豚合いびき肉 … 200g
- 玉ねぎ（みじん切り）… 1/6個（約30g）
- 片栗粉 … 大さじ2
- 塩、こしょう、ガーリックパウダー … 各少々
- トマトケチャップ、中濃ソース … 各大さじ1½
- オリーブオイル … 小さじ2

作り方

1. ボウルに牛豚合いびき肉を入れ、塩、こしょう、ガーリックパウダーを加え混ぜる。木綿豆腐、芽ひじき、玉ねぎ、片栗粉を加え混ぜ、5分ほど休ませる。
2. フライパンにオリーブオイルを入れ、4等分した**1**の形を整えて並べ入れる。中火にかける。
3. 焦げ目がついてきたら裏返し、空いたところにマッシュルームを入れてふたをし、蒸し焼きにして器に盛る。
4. トマトケチャップ、中濃ソースを混ぜ、**3**にかける。

フライパンに並べてから中火にかけ、5分ほどは動かさないのがコツ。焦げ目がついてきたら裏返しましょう。

揚げない豆入りコロッケ

材料（2人分）

蒸しひよこ豆 … 100g
じゃがいも … 1個
豚ひき肉 … 100g
玉ねぎ（みじん切り）
　… ⅙個（約30g）
バター … 10g
パン粉 … 大さじ3
オリーブオイル … 大さじ1
塩、こしょう、ガーリックパウダー
　… 各少々
顆粒コンソメ … 小さじ1
レタス、ミニトマト … 各適量
中濃ソース … 適量

作り方

1 じゃがいもは皮をむいて水洗いし、4等分に切って耐熱ボウルに入れ、ふんわりラップで3分加熱し、軽くつぶす。

2 蒸しひよこ豆、豚ひき肉、玉ねぎ、バター、塩、こしょう、ガーリックパウダー、顆粒コンソメを加え混ぜ、さらに3分加熱してよく混ぜる。粗熱を取り、4等分して丸め、器に盛る。レタスやミニトマトを添える。

3 フライパンにオリーブオイル、パン粉を入れて混ぜ、中火にかけて、混ぜながらきつね色になるまで炒め、**2**にかける。中濃ソースをかけて食べる。

おすすめ！

少量使いのひき肉や玉ねぎは市販の冷凍素材が便利。バラ凍結なので使う分だけ取り出せ、凍ったまま使えます

コロッケの中身はじゃがいもと蒸し豆を半々にして作り、衣はあとのせ。最近は糖質オフのパン粉やソースなどもスーパーで手に入りやすくなっているので、糖質が気になる人は試してみてください。

野菜もしっかりとれるのがうれしい中華料理。
クリーム煮といっていますが、使うのは豆乳です。
ハムを使うのが一般的ですが、
タンパク質もちゃんと摂りたいので、
鶏むね肉でボリュームアップ!

白菜のクリーム煮

材料（2人分）

しめじ（石づきを取り、小房に分ける）
　… ½ パック
豆乳（成分無調整）… 1カップ
鶏むね肉（そぎ切り）… 200g
白菜（ざく切り）… 1枚
長ねぎ（斜め薄切り）… ⅓ 本
にんじん（細切り）… 3cm
片栗粉 … 大さじ1
ごま油 … 小さじ2
おろししょうが … 小さじ½
顆粒中華だし … 小さじ1
塩、こしょう、ガーリックパウダー
　… 各少々

作り方

1 鶏むね肉に塩、こしょう、ガーリックパウダーをふり、片栗粉をまぶしつける。

2 フライパンにごま油を入れ、**1** を並べ入れる。中火に3分かける。裏返し、白菜、しめじ、長ねぎ、にんじんを入れて炒める。

3 豆乳、おろししょうが、顆粒中華だしを加え混ぜ、とろみがつくまで煮る。

鶏肉にまぶしつけた片栗粉で肉は柔らかになり、煮汁にとろみがつきます。

麻婆豆腐

材料（2人分）

- 絹揚げ（サイコロ状に切る）… 1枚
- しいたけ（石づきを取り、薄切り）… 2枚
- 豚ひき肉 … 100g
- 長ねぎ（粗みじん切り）… 1/3本
- 豆板醤 … 小さじ1
- おろししょうが、おろしにんにく … 各小さじ1/2
- ごま油 … 小さじ2
- A
  - 水 … 1/2カップ
  - 顆粒中華だし … 小さじ1
  - しょうゆ … 小さじ2
  - 片栗粉 … 大さじ1
- 塩、こしょう … 各少々
- 細ねぎ（小口切り）… 適量

作り方

1. フライパンにおろししょうが、おろしにんにく、豆板醤、ごま油を入れて混ぜ、中火にかける。混ぜながら炒め、香りが立ったら豚ひき肉を加えて炒める。
2. Aを混ぜ合わせて1に加え、絹揚げ、しいたけを入れて混ぜる。煮立ってきたら長ねぎを加え混ぜる。
3. ひと煮立ちしたら塩、こしょうで味をととのえ器に盛り、細ねぎを散らす。

おすすめ!

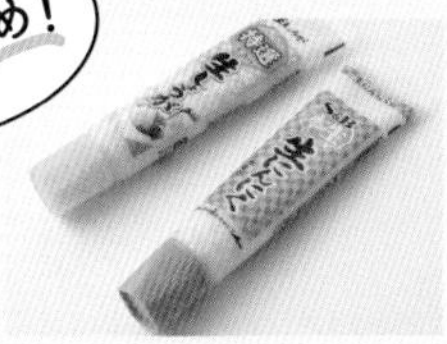

おろししょうが、にんにくはチューブのものでOK。小さじ1でおよそ8㎝になります

中華の家庭料理の定番といえばこれ。
絹揚げを使うことで、食感は滑らか。
しかも煮崩れしにくいので、見栄えのよさも確保。
しいたけを入れることで、うま味が出るとともに、
食物繊維の量も増やしました。

豚卵きくらげ炒め

材料（2人分）

生きくらげ（手でひと口大に裂く）… 40g
豚バラ薄切り肉（3～4cm幅に切る）
　… 150g
長ねぎ（斜め薄切り）… ⅓本
A｜おろししょうが、おろしにんにく
　　… 各小さじ½
　｜しょうゆ … 小さじ1
B｜卵 … 2個
　｜塩、こしょう … 各少々
ごま油 … 小さじ2
塩、こしょう … 各少々

作り方

1 豚バラ薄切り肉はAと合わせてもみ込んでおく。

2 フライパンにごま油を熱し、混ぜ合わせたB を入れて、混ぜながら半熟状になるまで火を通し、取り出す。

3 空いたフライパンに1と長ねぎを入れて中火にかける。肉がほぐれてきたら生きくらげを加えて炒め合わせる。塩、こしょうで味をととのえ、2を戻し入れてひと混ぜし、器に盛る。

ちょっと面倒でも、卵は先に火を通して取り出し、あとで戻し入れたほうが仕上がりがキレイ。

我が家の食卓で登場頻度が高いトップ3の炒め物。
きくらげのプルプルとした食感がたまりません。
生のきくらげが手に入らない場合は、乾燥のものを水で戻してお使いください。

ふわふわっとした食感の
ボリュームたっぷりの卵焼き。
お肉はちょっと重いかなと
感じる日によく作る料理です。

にらたま豆腐

材料（2人分）

絹豆腐…1丁
にら（1㎝長さに切る）…1束
卵…2個
ピザ用チーズ…60g
塩、こしょう…各少々
片栗粉…大さじ4
A
酢…大さじ1
しょうゆ…小さじ2
豆板醤…小さじ½
ごま油…大さじ1

作り方

1 ボウルに絹豆腐を入れて崩す。にら、卵、ピザ用チーズ、塩、こしょうを加えて混ぜ、滑らかになったら片栗粉を入れて混ぜる。

2 フライパンにごま油を入れ、1を入れて平らにならす。中火にかけて5分ほど焼き、裏返してさらに3分ほど焼く。

3 器に盛り、Aをつけながら食べる。

おすすめ!

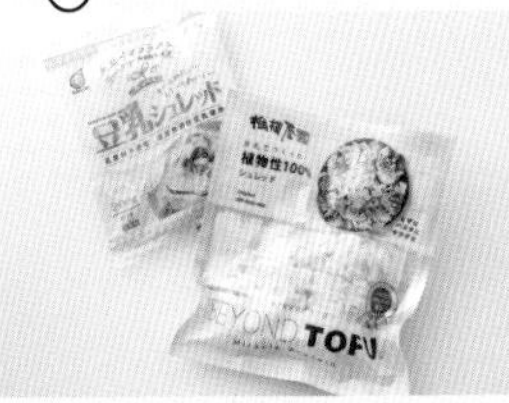

ピザ用のチーズなど、豆由来の植物性チーズもスーパーで手に入るようになりました。まろやかな味わいです

簡単棒々鶏

火を使いたくないときには電子レンジで簡単調理。鶏むね肉がしっとりと仕上がります。加熱後、肉が冷めるまで放置するのが最大にして唯一のポイント。今回は練りごまを使いましたが、同量のピーナッツバター（無糖）を使っても。

材料（2人分）

- 塩蔵わかめ … 20g
- 鶏むね肉 … 1枚（約200g）
- 長ねぎの青い部分 … 適量
- 塩、こしょう … 各少々
- 酒 … 大さじ2
- A
  - 長ねぎ（みじん切り）… $\frac{1}{3}$本
  - おろししょうが、おろしにんにく … 各小さじ$\frac{1}{2}$
  - 練りごま … 大さじ1
  - ポン酢しょうゆ … 大さじ2
  - ごま油 … 小さじ1
- きゅうり（細切り）… $\frac{1}{2}$本
- ミニトマト（4等分に切る）… 2個

作り方

1. 塩蔵わかめは水に浸けて戻し、水けを絞って食べやすい大きさに切る。
2. 鶏むね肉は観音に開き、皮を下にして耐熱皿に入れ、フォークで数カ所穴を開け、塩、こしょうをふり、酒を回しかける。長ねぎの青い部分をのせ、ふんわりラップで電子レンジで4分加熱し、冷めるまでそのままおく。
3. **2**を手で裂いて、**1**、きゅうり、ミニトマトとともに器に盛り、混ぜ合わせた**A**をかける。

おすすめ！

ピーナッツバター（無糖）は棒々鶏のタレ以外に担々麺やカレーの隠し味にも使えて便利。粒入りタイプもあります

しいたけとこんにゃくをプラスして、
食物繊維を強化するとともに、
節約にもなるひと品。
それぞれの食感が楽しく、食べ飽きない味です。
ごはんのおかずにもお酒のつまみにもぴったりです。

えびのチリソース

材料（2人分）

- しいたけ（石づきを取り、4つ割り）… 4個
- えび（殻つき）… 8尾
- こんにゃく（アク抜き済みのもの）… 小1枚
- 長ねぎ（粗みじん切り）… ⅓本
- 豆板醤 … 小さじ1
- おろししょうが、おろしにんにく … 各小さじ⅓
- ごま油 … 小さじ2
- A
  - 水 … ¼カップ
  - トマトケチャップ … 大さじ2
  - 顆粒中華だし … 小さじ1
  - 片栗粉 … 小さじ2
- パクチー（好みで）… 適量

作り方

1. えびは殻をむき、背わたを取る。こんにゃくはスプーンでちぎる。
2. フライパンに豆板醤、おろししょうが、おろしにんにく、ごま油を入れて混ぜ、中火にかける。香りが立ってきたら、えび、こんにゃく、しいたけを加えて炒める。
3. 長ねぎを加え混ぜ、よく混ぜ合わせた**A**を加える。絶えず混ぜながら火を通し、とろみがついたら火を止めて器に盛る。好みでパクチーを添える。

しいたけは大きめのサイズを選んで。4つ割りにして加えると、えびと同じくらいの大きさになり、食べやすくなります。

おいしい酒粕を手に入れたときは迷わずこれ。
白だしで薄めるだけだからとっても簡単です。
酒粕はみそ汁に入れてもおいしいから、
小分けにして冷凍保存しています。
つけ合わせはあり合わせの野菜を
レンチンすればOK。

鮭の酒粕ソース

材料（2人分）

蒸し大豆 … 40g
甘塩鮭 … 2切れ
A｜酒粕 … 50～60g
A｜白だし … 大さじ½
A｜水 … ¼カップ
グリーンアスパラガス（斜め薄切り）… 4本

作り方

1. 小鍋にAを入れて弱火にかけ、酒粕を煮溶かす。蒸し大豆を加え混ぜる。
2. 甘塩鮭は魚焼きグリルで焼く。グリーンアスパラガスはふんわりラップで軽く包み、1分加熱する。
3. 器に甘塩鮭を盛り、1をかけ、グリーンアスパラガスを添える。

おすすめ!

酒粕は扱いやすい50～60gずつ小分けにしてラップに包み、冷凍保存しておくと便利。みそ汁や鍋料理などにも使えます

かじきの薬味ソース

材料（2人分）

ふのり … 3g
かじきまぐろ … 2切れ
塩、こしょう … 各少々
片栗粉 … 大さじ1
長ねぎ（縦半分に切り、斜め薄切り）
　… ¼本
みょうが（縦半分に切り、斜め薄切り）… 2個
A
　マヨネーズ … 大さじ1
　わさび … 小さじ1
　白だし … 大さじ1
細ねぎ（小口切り）… 適量

作り方

1. ふのりは水に浸けて戻し、水けを絞り、食べやすい大きさに切る。
2. かじきまぐろはそぎ切りにして、塩、こしょうをふり、片栗粉をまぶしつける。
3. フライパンに湯をわかし、**2**を入れてゆで、ストレーナーですくいあげる。
4. 長ねぎ、みょうがとともに**3**を器に盛り、混ぜ合わせた**A**をかけ、ふのりをのせ細ねぎを散らす。

かじきは3、4切れずつ入れ、浮き上がってきたらストレーナーですくいあげると形が崩れません。

かじきに片栗粉をまぶしてゆでることで
口当たりよく仕上がります。
たっぷりの薬味と合わせ、
サラダ感覚でいただきます。
他の白身魚や鶏ささみを使ってもおいしいです。

おでんは好きだけれど、種を揃えたり長時間煮ないと
おいしくないと思っていましたが、
好きなものだけ選んでシンプルに。
時間がかかる大根はレンチン下ごしらえで、
手間と時間を大幅ダウン。

シンプルおでん

材料（2人分）

- がんもどき…4個
- 結び昆布…4つ
- 大根…⅓本
- こんにゃく（アク抜き済タイプ）…1枚
- ゆで卵…2個
- ごぼう巻き…2本
- A
  - 水…3カップ
  - 顆粒和風だし…小さじ2
  - 本みりん…大さじ2
  - しょうゆ…小さじ2
  - 塩…小さじ½
- 練り辛子（好みで）…適量

作り方

1 大根は3〜4㎝幅に切り、皮をむく。ひと切れずつラップに包み、電子レンジで6分加熱する。

2 鍋にAを入れ、こんにゃく、1を加え、中火にかける。煮立ってきたら、がんもどき、ごぼう巻き、結び昆布を入れ、弱火で8分ほど煮る。

3 火を止めてゆで卵を入れ、そのまま冷ます。食べるときに温め直す。器に盛り、好みで練り辛子を添える。

おすすめ！

おでんによく使う結び昆布。煮物やみそ汁に入れて使い切るようにしています。食物繊維もうま味もプラスされます

Column

とろみのこと

糖質制限をしていた頃は、片栗粉の糖質も避けていました。しかし、片栗粉は少量でとろみがつくし、口当たりもよくなります。むせやすい年頃ゆえ、このとろみは有効です。

調味料と合わせて使うと失敗知らず

「水溶き片栗粉」でとろみをつけるのはやめました。スープに調味料と片栗粉を加え混ぜた「合わせ調味料」にすることで、ストレスなくとろみがつけられるからです。片栗粉は時間がたつと下に沈んでしまうので、炒めた具材などに加えるときは、使う直前に必ずよく混ぜ合わせてください。

肉や魚介に片栗粉をまぶすとさまざまな食感が楽しめます

肉や魚介にあらかじめ片栗粉をまぶしておくと、加熱によりしっとりと仕上がり、水分を加えるととろみもつきます。また、これをゆでるとプルプルとした食感に、揚げればカリカリ食感になります。

魚介の下処理にも

片栗粉は粒子が細かいので、えびやかきの下処理にも有効です。片栗粉大さじ1に水¼カップほどを合わせて優しくもみ洗いし、流水で洗い流して水けを絞ります。これで、汚れが落ち、臭みも取れます

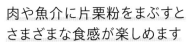

忙しいときはラクしてヘルシー

TYPE 4

鍋やスープ

栄養バランスのことを堅苦しく考えなくても、自然にバランスがととのうのが、鍋やスープ。鍋ならメイン料理、スープなら副菜代わりになるので、ちょくちょく作っては食べています。お腹が温まるのも心地いいですね。

しゃぶしゃぶにはいつもわかめ

鍋やスープにも「き・ま・か」。
ほんの少しの足し算が健康をサポート。
特に、しゃぶしゃぶのときには、
必ずわかめを用意。
サッとスープにくぐらせるだけでいいので、
手軽に海藻類を摂ることができます。
豚肉や牛肉はもちろん、
ぶりしゃぶにもよく合います。
スープは具だくさんにしておかず代わりにしたり、
メインのおかずにボリュームがある場合は
あえて具は少なめにしたりしています。

簡単すぎる我が家の定番

乾燥きのこや海藻を使ってすぐできる「即席汁もの」

汁ものはつけたいけれど、
あとひと品が面倒だと感じるときもあります。
そんなときは乾物頼り。
耐熱容器に水、乾燥のきのこや海藻、
顆粒のだし、みそや塩、しょうゆなどの塩分を加え、
ひとり分なら2分ほど加熱するだけ。
乾燥のふのりなら“あとのせ”でOKです。

鍋

数種類のきのこを合わせて作ると、
うま味が際立ちます。
それぞれの食感を楽しみながら、食べ進める幸せ。
自然なとろみがつくなめこは忘れずに。
鶏肉の代わりに白身魚やえびを使ってもおいしいですよ。

きのこ鍋

材料（2人分）

- **しいたけ**（軸を除いて半分に切る）… 2枚
- **しめじ**（石づきを取り、小房に分ける）… ½パック
- **舞茸**（小房に分ける）… 50g

※P7のミックスきのこを冷凍のまま使ってもOK。

- **生きくらげ**（ひと口大にちぎる）… 40g
- **なめこ** … 1袋
- **絹豆腐**（4等分に切る）… ½丁
- **鶏もも肉**（ひと口大に切る）… 200g
- **長ねぎ**（1㎝幅の斜め切り）… ½本
- **A**
  - 水 … 3カップ
  - 顆粒和風だし … 小さじ2
  - しょうゆ … 大さじ2
  - 本みりん … 大さじ1
  - 塩 … 小さじ⅓

作り方

鍋にAを入れ、中火にかける。温まってきたら、鶏もも肉、しいたけ、しめじ、舞茸、生きくらげ、長ねぎ、絹豆腐、なめこの順に加え、ふたをして煮る。

なめこが余ったら

袋の空気を抜くようにして折りたたみ、輪ゴムで止めて冷凍保存。凍ったまま使えます。みそ汁にぴったり！

ピリ辛鍋

材料（2人分）

えのきだけ（石づきを取り、小房に分ける）
…1パック
大豆もやし…1袋
豚バラ薄切り肉（3～4cm幅に切る）
…200g
にら（3cm長さに切る）…1束

A
- 豆板醤、みそ…各小さじ2
- 顆粒中華だし…小さじ2
- 水…3カップ

ごま油…小さじ2

作り方

鍋にAを入れ、中火にかける。温まってきたら、大豆もやし、豚バラ薄切り肉、えのきだけ、にらの順に加え、ふたをして煮る。ごま油を加え混ぜる。

大豆もやし

通常のもやしよりイソフラボンが豊富に含まれています。ヒゲ根を取らなくても使えるのでとってもラクです。

秋冬だけでなく、暑い季節にも楽しめる鍋。
ピリ辛の味つけが食欲をかき立て、食後は気分爽快。
ただ辛いだけではなく、うま味もたっぷりです。
辛さが苦手な方は
豆板醤の分量を半分にして作ってみてください。

豆乳とごまの風味で優しい味わい。
最後の一滴までおいしいスープです。
ごまは栄養価が高く、カルシウムの補給にも役立ちます。
練りごまとすりごまのダブル使いで
コクと香りをアップ！

豆乳ごま鍋

材料（2人分）

塩蔵わかめ … 20g
しめじ（石づきを取り、小房に分ける）
… 1パック
絹豆腐（4等分に切る）… ½丁
豆乳（成分無調整）… 3カップ
鶏もも肉（ひと口大に切る）… 200g
白菜（ざく切り）… 1枚
長ねぎ（斜め薄切り）… ⅓本
練りごま、白だし … 各大さじ2
白すりごま … 適量

作り方

1 塩蔵わかめは水に浸けて戻し、水けを絞って食べやすい大きさに切る。

2 鍋に練りごまを入れ、白だしを加えてよく混ぜる。豆乳を少しずつ加え、混ぜながら汁を作り、中火にかける。

3 温まってきたら鶏もも肉、しめじ、白菜、長ねぎ、絹豆腐の順に加える。味をみて足りなかったら、白だし（分量外）で味をととのえる。1のわかめを加えて火を止め、器に盛り、白すりごまをかけて食べる。

豆乳

成分無調整のものを使っていますが、調整豆乳でも作れます。少し甘さが出るので、お好みでお使いください。

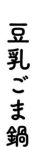

牛すき鍋

材料（2人分）

舞茸（小房に分ける）… 1パック
焼き豆腐（3～4㎝角に切る）… 1丁
牛薄切り肉 … 200g
結びしらたき（アク抜き済タイプ）
… 1パック
長ねぎ（斜め切り）… ½本
春菊（10㎝長さに切る）… ½束

A
- 水 … 1カップ
- 本みりん … 大さじ1
- オリゴ糖 … 大さじ1
- しょうゆ … 大さじ2

卵 … 2個

作り方

1. 鍋にAを入れて中火にかける。温まってきたら、舞茸、結びしらたき、長ねぎを加える。
2. 具材を端に寄せ、焼き豆腐、牛薄切り肉を入れ、最後に春菊を加えて煮る。
3. 溶き卵につけて食べる。

オリゴ糖

味をみて、もう少し甘味が欲しいときは、オリゴ糖で調整。オリゴ糖は整腸作用や腸内細菌を増やす作用があるので愛用しています。

たまには食べたい牛すき鍋。舞茸としらたきは欠かせません。砂糖を大量に使うレシピもありますが、我が家では本みりんとオリゴ糖で甘みをつけています。これだと急激に血糖値が上昇しにくいので安心です。

スープ

エリンギトマトスープ

きのことトマトの
ヘルシー食材を合わせたスープ。
無塩のトマトジュースを使えば、とっても簡単です。
刻んだきゅうりやセロリを合わせれば、
冷たいガスパチョもおいしくできますよ。

材料（2人分）

エリンギ（縦半分に切り、小口切り）…1本
玉ねぎ（薄切り）…¼個
A トマトジュース…2カップ
　顆粒コンソメ…小さじ2
塩、こしょう…各少々
オリーブオイル、ドライパセリ、粉チーズ…各適量

作り方

1. 耐熱ボウルにエリンギ、玉ねぎを入れて混ぜ、ラップなしで電子レンジで1分加熱する。
2. 1にAを加え混ぜ、再度電子レンジで4分加熱する。塩、こしょうで味をととのえる。
3. 器に盛り、オリーブオイルをかけ、ドライパセリと粉チーズをふる。

洋風の吸い口

澄まし汁やみそ汁などに香りを添え、味を引き立てるためのもの。洋風のスープの場合は、ドライパセリや粉チーズ、オリーブオイルがよく合います。

とろみをつけたスープに溶き卵を加えると、
なんともいえない滑らかさ。
するんとした喉越しがやみつきになります。
最後に加えるごま油の香りも
食欲を刺激してくれます。

わかめ卵スープ

材料（2人分）

- 塩蔵わかめ … 20g
- 卵 … 2個
- 長ねぎ（縦半分に切り、薄切り）… ⅓本
- A
  - 水 … 2カップ
  - 顆粒中華だし … 小さじ2
  - おろしにんにく、おろししょうが … 各小さじ½
  - 片栗粉 … 大さじ1
  - しょうゆ … 小さじ1
  - 塩、こしょう … 各少々
- ごま油 … 適量

作り方

1. 塩蔵わかめは水に浸けて戻し、水けを絞って食べやすい大きさに切る。
2. 鍋に長ねぎを入れ、Aをよく混ぜてから中火にかけ、混ぜながら火を通す。
3. とろみがついてきたら、1のわかめを入れ、ひと煮立ちしたら溶き卵を加えて、卵がかたまってきたら火を止めて器に盛り、ごま油をたらす。

ごま油

ごま油の主成分はリノール酸とオレイン酸。悪玉コレステロール値を下げるはたらきも。良質な油は健康づくりに役立ちます。

サンラータン

材料（2人分）

えのきだけ（石づきを取り、小房に分ける）
…1パック
しいたけ（石づきを取り、薄切り）…2個
めかぶ酢（甘酢・市販品）…2パック（80g）
長ねぎ（小口切り）…1/4本
卵…2個
ごま油…小さじ2
水…2カップ
顆粒中華だし…小さじ2
塩、こしょう…各少々
ラー油…適量

作り方

1 鍋にえのきだけ、しいたけ、ごま油を入れて混ぜ、中火にかけ、サッと炒める。

2 1に水、顆粒中華だしを加える。煮立ってきたら、弱めの中火にして長ねぎ、めかぶ酢を加え、塩、こしょうで味をととのえる。

3 卵を溶きほぐして加え、ひと煮立ちしたら火を止めて器に盛り、ラー油をかける。

粗びき黒こしょう

サンラータンはラー油ではなく、粗びき黒こしょうをたっぷりふって、辛みを効かすタイプのレシピもあります。

酸っぱくて辛いスープ。
市販のめかぶ酢やもずく酢を使って、
味つけととろみづけを簡単に。
辛いものが苦手な方はラー油を省略、
酸味が好きな方は、さらにお酢をプラスしてください。

コクのあるおかずスープ。
さっぱり系のメインのおかずによく合います。
トーストとこのスープだけでも、満足感あり。
えびの代わりにベビーボイルほたてや
白身魚を使ってもおいしくできます。

カレークリームスープ

材料（2人分）

- 蒸しひよこ豆…50g
- むきえび（1cm幅に切る）…100g
- 玉ねぎ（薄切り）…¼個
- グリーンアスパラガス（斜め薄切り）…2本
- A
  - クリームチーズ…60g
  - カレー粉…小さじ1
  - 豆板醤…小さじ½
- B
  - 水…2カップ
  - 顆粒洋風だし…小さじ2
- 塩、こしょう…各少々

作り方

1. 鍋にAを入れて弱火にかけて混ぜ、Bを加え混ぜ、中火にする。
2. 温まってきたら他の具材をすべて加え、弱めの中火で3分ほど煮る。塩、こしょうで味をととのえる。

カレー粉

複数のスパイスをミックスして作られているカレー粉。スープやパスタ、炒め物などにも使えるので、常備しています。

枝豆ポタージュ

酒のつまみのために冷凍枝豆をストック。
枝豆は疲労回復や
夏バテ防止に役立つことでも知られています。
温かいままでも冷やして食べてもおいしいので、
ぜひお試しください。

材料（2人分）

冷凍ゆで枝豆（むきみ・解凍する）… **150g**
豆乳（成分無調整）… **2カップ**
じゃがいも（半分に切り薄切り）… **1個**
玉ねぎ（粗みじん切り）… **¼個**（約50g）
顆粒コンソメ … 小さじ2
バター（無塩）… **10g**
塩、こしょう … 各少々

作り方

1. 耐熱容器にじゃがいも、玉ねぎを入れ、ふんわりラップで電子レンジで3分加熱し、バターを加え混ぜる。冷凍ゆで枝豆は薄皮を取り除いて加える（飾り用に少し残しておく）。
2. **1**に豆乳、顆粒コンソメを加え混ぜ、フードプロセッサにかけて滑らかにする。
3. 鍋に入れて中火にかけ、温まってきたら、塩、こしょうで味をととのえる。器に盛り、残しておいた枝豆を散らす。

冷凍枝豆

ゆで枝豆は冷凍食品のコーナーで1年中見かけるようになりました。特に、さやから出したむきみの状態で売られているものが便利です。

おまけのお気に入りレシピ

きのこや豆、海藻ではないけれど、日々食して「これ使えるなぁ」と実感している
ラクうま作りおき。サラダのトッピングや一品料理の添えものとして大活躍です。
そんな簡単作りおきをご紹介するとともに、
お気に入りの食材、調味料、調理道具をお見せします。

＼ 作りおき ／

いろいろ使える酸っぱい何か

保存の目安
冷蔵庫で
1週間

酢キャベツ

材料と作り方（作りやすい分量）

キャベツ¼個は細切りにして塩小さじ½をふって5分ほどおき、水洗いして水けを絞る。ポリ袋にキャベツを入れ、酢大さじ4、オリゴ糖大さじ1、塩小さじ⅓を加えてもみ混ぜる。袋の空気を抜いて口を縛る。翌日、袋の口をハサミでカットし、保存容器に入れる。

◆カレーのサイドメニューにぴったり

酢玉ねぎ

材料と作り方（作りやすい分量）

紫玉ねぎ2個は薄切りにする（スライサー推奨）。保存容器に入れ、酢大さじ3、白だし大さじ2を加え混ぜる。

◆翌日からが食べ頃です。一般的な白い玉ねぎを使っても。箸休めやサラダのトッピングにどうぞ

うずら卵のピクルス

材料と作り方（作りやすい分量）

ゆでうずら卵12個とローリエ1枚を保存容器に入れる。水¼カップ、酢大さじ2、白だし大さじ2、赤唐辛子1本を耐熱容器に入れ、ラップなしで電子レンジで2分加熱する。熱いうちに卵を入れた保存容器に注ぎ入れる。

◆翌日から食べ頃。そのままでもカレーのトッピングにしても

酢トマト

材料と作り方（作りやすい分量）

トマト2個はざく切りにして保存容器に入れ、塩小さじ⅓、黒酢大さじ4を加え混ぜる。

◆作ってすぐでもおいしい。食べるときにオリーブオイルをかけると美味！　サラダや冷製パスタによく合います

にんじんマリネ

材料と作り方（作りやすい分量）

にんじん1本はせん切りにする（スライサー推奨）。保存容器に入れ、粗く刻んだ無塩ローストミックスナッツ50g、酢大さじ3、塩小さじ⅓、オリーブオイル大さじ1、ドライパセリ適量を加えてよく混ぜる。

◆作ってすぐでもおいしいが、ナッツがしっとりする翌日からが食べどき。カッテージチーズと合わせてサラダにしても

切り干し大根のマリネ

材料と作り方（作りやすい分量）

切り干し大根30gは洗って水けを絞り、食べやすい大きさに切って保存容器に入れる。耐熱容器に赤唐辛子（小口切り）1本分、水½カップ、酢½カップ、オリゴ糖大さじ1、白だし大さじ3を入れ、ラップなしで電子レンジで2分加熱し、熱いうちに切り干し大根を入れた保存容器に注ぎ入れる。

◆翌日から食べ頃。箸休めにぴったり

大豆もやしのピリ辛マリネ

材料と作り方（作りやすい分量）

大豆もやし1袋は電子レンジで2分加熱し、水けを絞る。保存容器に酢大さじ2、しょうゆ小さじ2、顆粒中華だし小さじ1、豆板醤小さじ½、ごま油小さじ1を入れて混ぜる。大豆もやしを加え混ぜる。

◆半日後くらいから食べられます。我が家ではギョーザのお供となっています

パプリカのマリネ

材料と作り方（作りやすい分量）

パプリカ1個は縦4等分に切り、横にして薄切りにする。保存容器に入れ、レモン汁大さじ2、顆粒コンソメ小さじ1、塩、こしょう各少々を加え混ぜ、オリーブオイル小さじ2を加え混ぜる。

◆すぐに食べられますが、やわやわになった翌日頃が食べどき。カレーの福神漬、お好み焼きの紅しょうがの代用品として重宝しています

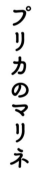

私の お気に入り いろいろ

※2023年7月現在の
お気に入りです
※パッケージは変更さ
れる場合があります

［ 麺 ］

主食に食物繊維をプラス。しかも低糖質

❶ ❷ ❸ ❹ ❺

10年前では考えられなかったほど、
食物繊維やタンパク質を強化した
低糖質なパスタがせい揃い。
麺好きの私にとってはうれしい限りです。
特にスーパーフード・黄えんどう豆100％の
ZENBヌードルはお気に入り。
パスタとしても、
汁麺としても使えておいしいです。
また、スーパーで手軽に購入できるのが
高タンパク低糖質の大豆麺。
具入りソースセットで味つけもラク！
日々さまざまな商品が登場しているので、
他の麺のチェックにも余念がありません。

❶ Carboff ロングパスタ（はごろもフーズ）
❷ オーマイ　糖質50%オフパスタ（ニップン）
❸ ZENBヌードル（ZENB JAPAN）
❹ ZENBミール（ZENB JAPAN）
❺ 大豆麺 えび塩焼きそば（キッコーマン）
※麺には小麦も使用しています

❶もちっとロカボ麺 中細麺 1人前（日清食品チルド）
❷「健美麺」 糖質40%カット 本うどん（シマダヤ）
❸「健美麺」 糖質30%カット 本そば（シマダヤ）
❹からだシフト 糖質コントロール
黒マー油とんこつラーメン（三菱食品）
❺からだシフト 糖質コントロール そば（三菱食品）
❻もち麦うどん（はくばく）

うどんやそば、ラーメンにも
高タンパクや、低糖質な麺がズラリ。
以前は中華麺においしいものがなくて
ZENBヌードルに頼っていましたが、
もちっとロカボ麺に出会ってから、
ラーメンを食べたいときは
これを選ぶようになりました。
また、うどんやそばは低糖質のゆで麺が便利。
通常の麺と遜色ないおいしさです。
そして、ストック食材として乾麺も常備。
最近は、うどんやそば、ラーメンの商品も
充実しています。

［ ごはん ］

タンパク質、ミネラル、食物繊維が豊富で低糖質

白米の他に常備しているのが、
ロウカット玄米、もち麦、ダイズライス、
こんにゃく米です。
気分に合わせてブレンドして、
穀物のおいしさをかみしめています。

＊ごはんのブレンドの仕方については P45を参照

❶金芽ロウカット玄米（東洋ライス）
❷ごはんにこんにゃく（モリシゲ物産）
❸Beanus ダイズライス（フジッコ）
❹もち麦（はくばく）

日々使う調味料は、
味はもちろん、体にいいものを。
以前は調味料に含まれる糖質などに
無頓着でしたが、毎日体に入る
ものだから、ちょっと気にしてもいいかなと
思っています。

調味料など

だしや酢、ポン酢、みりんなど

長年愛用しているのは白だし。
だしのうま味とちょうどいい塩分で
味がピタッと決まります。
これに加えて、
うま味の凝縮された根昆布だしや、
スプレー式で使い勝手のいい
昆布の水塩も気に入っています。

うま味

❶ 根昆布だし（北海道ケンソ）
❷ 特選料亭白だし（七福醸造）
❸ 昆布の水塩（松前屋）

甘味

❾ 家醸本みりん（養命酒製造）
❿ 北海道てんさいオリゴ
金のオリゴ（加藤美峰園本舗）
⓫ 百年の蜜
（BIZEN中南米美術館）
※リュウゼツランシロップ
⓬ 有機オリゴ糖シロップ
（創健社）

お酢は黒酢を含めて、
味わいがまろやかな米酢を
使うことが多いです。
ポン酢しょうゆを買うときは
原材料名を必ずチェックして、
砂糖や水飴など糖質の使用量が
少ないものを選んでいます。

酸味

❹ 実生（みしょう）ゆずぽんず
（カネトシ）
❺ 手造り枯木（こぼく）ゆずぽんず
（カネトシ）
❻ 鹿児島の黒酢（坂元醸造）
❼ 純米醸造酢 壺之酢（とば屋酢店）
❽ 美濃 特選本造り米酢（内堀醸造）

甘味をつけるときは、本みりん。
血糖値の上昇が緩やかといわれています。
さらに甘味が欲しいときは、
整腸作用があると
いわれているオリゴ糖や
血糖値が上がりにくい低GI食品の
アガベシロップを使用しています。

私の
お気に入り
いろいろ

調理道具

使いやすいものを選んでストレス軽減

調理道具は使いやすさが
ストレスを軽減してくれます。
特に、電子レンジ調理が多いので、
いろいろ試しました。
その結果残ったのが、
麺ゆでに特化した耐熱容器。
鍋でゆでるより、断然快適です。
他には、ラップをしなくても
レンチンできるふたつきの耐熱容器。
耐熱ガラス製のものは
臭いうつりや変色の心配がなく、
洗いやすいのも気に入っています。
容器が熱くなっても持ちやすい
取っ手つきのものもいいですね。

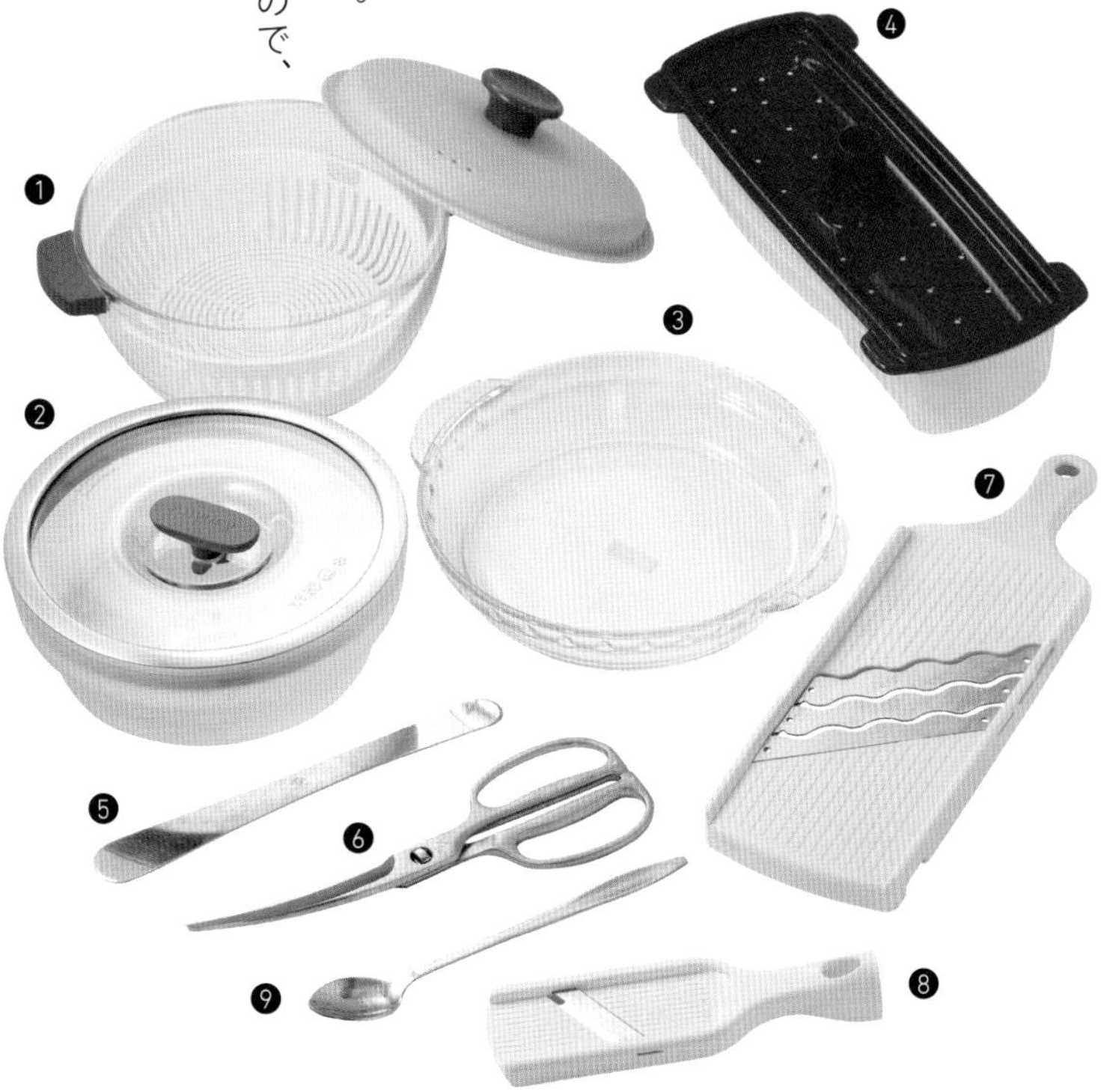

電子レンジ調理器

❶ 電子レンジ&オーブンにも使える耐熱ガラス調理鍋（ベストコ）
❷ エニディ 18cm 浅型ディッシュ（マイヤージャパン）
❸ 冷凍レトルトディッシュ（パイレックス）
❹ 絶品レンジでパスタ（エビス）

切る、すくう、混ぜる

❺ 餃子ヘラ（佐藤金属興業）
❻ 関孫六　鍛造オールステンレスカーブキッチン鋏（貝印）
❼ スライサー　3倍速!トリプルウェーブ（アーネスト）
❽ ミニスライサー（下村工業）
❾ パフェスプーン（ノーブランド）

また、せん切りや薄切りがキレイに
スパッとできるスライサーも
大小合わせて手放せません。
瓶入りの調味料をすくいやすい
ギョーザ用のヘラやパフェ用のスプーンは
カーブが深くないので使いやすくて超便利。
わかめや長もの、ピザなどを
サクッとカットできるキッチンバサミの
使用頻度もかなり高め。
包丁やまな板を出さずに
調理が完結するときもよくあります。

柳澤英子　YANAGISAWA EIKO

料理研究家・編集者・柳家クッキングラボ主宰
雑誌の料理ページやレシピ本の編集を経て、2002年『ひとりごはん』（西東社）で著者としてデビュー。忙しい人でも苦にならずに作れる簡単レシピを提案。2011年、52歳のときに食を楽しむ独自のダイエット法を始め、1年後には26キロ減の47キロに、その後大きなリバウンドもなく、太りにくい体質と健康をキープ。このダイエットレシピを書籍化した『やせるおかず 作りおき』シリーズ（2015年1月～計10冊　小学館）は、260万部超の大ベストセラーに。近著に『料理のその手間、いりません』『映える！おいしい！こんにゃく食堂』（どちらも小学館）、『柳澤式ラクやせオートミールレシピ』（扶桑社）など。

YouTube　：柳澤英子・公式YouTubeチャンネル　@yanagiyacookinglab1259
Twitter　：@eiko_yanagisawa
Instagram：@eiko_yanagisawa

Staff
アートディレクション／大薮胤美（フレーズ）
デザイン／梅井靖子（フレーズ）
撮影／鈴木正美
スタイリング／新田亜素美
編集・著者マネジメント／柳澤孝文
編集協力／柳家クッキングラボ
校正／玄冬書林
協力／UTUWA
　　　GARAGE　東京都国立市北2-33-56

60歳からは「やせる」より「元気」を優先！
毎日「き・ま・か」ごはん

2023年10月3日　初版第1刷発行

著者　柳澤英子
発行者　下山明子
発行所　株式会社　小学館
　〒101-8001　東京都千代田区一ツ橋2-3-1
　電話　（編集）03-3230-5125
　　　　（販売）03-5281-3555
印刷所　共同印刷株式会社
製本所　株式会社若林製本工場

ISBN978-4-09-311544-5

*制作／松田貴志子・斉藤陽子　販売／中山智子　宣伝／鈴木里彩　編集／竹下亜紀